教育学の試み

多様な文化に開かれた
人間形成をめざして

中村　清
NAKAMURA, Kiyoshi

時事通信社

はじめに

教育とは何か。ごく素直に考えれば、教育とは、子どもに知らないことを教える営みだといえよう。ところが、教育学を学ぶと、最初のところで、そうではないと教えられる。教育とは、教師が子どもに知らないことを教えるのではなく、子どもの内にあるものを引き出す営みである、と。もう少し普通の言い方をすれば、子どもが知らないことを教えて覚えさせるのではなく、子どもが（幸運に恵まれれば）自分自身で知りうることを、確かに自分自身で知る（発見する）ように手助けする営みだといわれる。そして、そう考えなければならない理屈を教えてくれる。たとえば次のように。

もしも、教育は子どもが知らないことを教師が教える営みだというのであれば、教師が教えてくれることをすべて、子どもがそのとおりに覚え込むことが教育になってしまう。なぜなら、子どもは知らないことを教えられるのだから、たとえ教師からまちがったことを教えられても、それがまちがいだとは分からないはずである。だから、子どもは教師が教えてくれることをすべてそのとおりに信じて覚えるほかない。

しかし、教育がそんなものであってよいわけがない。実際の教育の場面を考えてみよ。子どもは、教師から教えられたことを訳も分からずに覚え込んでしまうこともあるが、よく理解して受け入れることもある。「分かった」と実感するのは後者の場合である。なぜこんなことが起こるのか。教師から教えられたことをきっかけにして、子どもが自分自身で考えてみて、改めて自分自身で同じことを発見するからである。このように教育は、本来、子どもが自分自身で知る（発見する）ように手助けする営みなのである。

なかなかうまく考えられた理屈である。はたしてこの理屈は正しいのか、それとも詭弁にすぎないのか。もちろん、実際の教育においては、子どもが知らないことを教えられて、そのとおりに信じて受け入れなければならないことが多々ある。しかしまた、教師は手助けをするだけで、子どもが自分自身で発見することも少なくない。教育の現場では、両方の教育を適当に組み合わせて行うほかない。しかし、教育の基本原則としてどちらの考え方をとるべきか。どちらの考え方をとるかによって実際の教育のあり方がかなり大きく違ってくるから、この選択は重要な意味をもつ。

一般に教育学の入門書では、教育は子どもが自分自身で知るように手助けする営みであるという考え方が基本原則とされている。これが今日の教育学の通説だといってよい。ところが、話題が現実の教育問題に移ると、とくに教育行政や教育制度の現実的な問題になると、この原則はすっかり忘れられている。

たとえば、近代の公教育は、各国家ごとに、自国の独立と繁栄のために必要とする人材を形成することをめざしてきた。そのために、教育の内容は国家によって統制されてきた。そして現実に、国家内においては力を合わせて国家のために貢献し、諸国家間では他国との競争に勝つために団結する人材を作り上げてきた。この教育が成功したから、今日の先進諸国が生まれたのである。我が国もこの教育の恩恵を受けている。

なぜこのような原則論と現実との乖離が起こるのか。原則論がまちがっているのか、たとえば理想的な空論に陥っていて現実性を欠いているのか。それとも現実の教育が正しい原則から外れているのか、そしてそのために、今日の人間と世界が無用の混乱に陥っているのか。私は、教育の原則論が正しく、現実の教育がまちがっていると考える。

教育は子どもが自分自身で知るように手助けする営みである、という基本原則は正しい。しかし、その意味が正確に理解されていないために、一見、理想論にすぎて現実性を欠いているようにみえる。そのためにこの基本原則を無視して、現実の教育が行われ、現実の教育行政や教育制度が作られてきた。その結果、今日の人間と社会に無用の混乱を引き起こしている。我々はいま、教育の基本原則に従って現実の教育を改革することに努めるべきである。

経済学は、経済成長なくして社会の安定はなく、人間の幸福はないという。政治学は、武力なくして社会の安定はなく、人間の安全はないという。教育の観点からみれば、その経済成長や武力への依存こそが人間と社会を混乱に陥れ、子どもの教育を難しくしているように思えてならない。それならば教育学は、経済や政治の要求に応えるだけでなく、否、それ以上に、教育の観点に立って経済や政治に要求すべきである。経済や政治も社会の一部門である点で教育と違いはない。社会の一部門としての教育は、教育の観点に立って望ましい人間と社会のあり方を探求すべきである。

本書は、このような考え方に立って、教育の基本原則の意味を改めて考え直してみること、そしてその基本原則に立って、今後の公教育のあり方を提言することを試みたものである。いまは、多少ともこの試みが成功していることを祈るのみである。

教育学の試み——多様な文化に開かれた人間形成をめざして ● 目 次

装幀・本文デザイン／デックC.C.　梅井裕子

第Ⅰ部

教育とは何か

第一章　教育の概念

1　今日の状況

かつて、子どもは「授かる」ものであった。医学の進歩は子どもを「作る」ものに変えた。避妊と堕胎の手法が開発され、また排卵誘発剤なるものが発明されて、人間は子どもを生むか生まないかの自由を得た。そのようにして「作られた」子どもは、次いで幼児教室、学校、塾などによって教育される。ここでは、子どもを「作る」場合ほどには有効にその効果を制御しえないけれども、やはり子どもは親や大人の制御の対象として取り扱われる。

今日、子どもの成長発達は、全面的に科学的に解明され制御されるはずだと考えられる傾向がある。頭のよい子どもを育てる方法、気だての優しい子どもを育てる方法、創造性に富む子どもを育てる方法など、まるで有用な家畜を育てるのと同じように、望ましい子どもを育てる科学的な方法があるかのように考えられている。そして、その科学的な方法に従って子どもを理想的な姿に育てていくことが教育だと考えられている。はたして教育をこのようなものとして捉えてよいのか。

教育がこのようなものだとすれば、大人（教える者）と子ども（教えられる者）とは質的に異なる存在とみなされることになる。大人は、子どもに働きかけて子どもを変える存在である。子どもは、大人から働きかけられて大人の思いどおりに変えられる存在である。大人は自律的な存在であり、子どもは他律的な存在である。ここには、大人と子どものあいだに対等な人間関係はない。それでも教育が成立するのか。

大人は、自分の意志に従って自分の行動を決めることができる。子どももまた、自分の意志に従って自分の行動を決めたいと思っている。しかし、しばしば大人によってそれを制限される。子どもが未だ未熟で保護を必要とする存在であるかぎり、それもやむをえないことであろう。しかし、だからといって、子どもが大人の意のままに動くわけではない。子どもは、大人の働きかけに素直に従うこともあれば、反発して従わないこともある。子どもは、大人の思うとおりに育つものではない。教育によって大人の思いどおりの人間が作られるわけではない。

右の教育の見方も、この単純な事実を無視するわけではない。そうであればこそ、子どもの成長発達について科学的に解明されることを期待するのである。大人が勝手気ままに子どもに働きかけても、子どもは思いどおりには動かない。しかし、子どもの成長発達の仕方が科学的に解明されて、教育がこの科学に即して行われるようになれば、大人は有効に子どもに働きかけることができるようになり、教育によって理想的な子どもを育てることができるようになる。右の教育の見方は、このように教育の科学が発達することを期待している。

仮にこの科学が十分に発達したと仮定してみよ。その場合にも、大人と子どもが質的に異なる存在だという事実は変わらない。大人は子どもを変える存在であり、子どもは大人によって変えられる存在である。大人は自律的な存在であり、子どもは他律的な存在である。ただ、その大人から子どもへの働きかけがより有効になっただけのことである。はたしてこれを教育と呼ぶことができるのか。教育と呼ぶよりも調教と呼ぶ方がふさわしいのではないか。

動物の調教は、それぞれの動物の性質に合わせて巧みに働きかけることによって調教師の思いどおりに動く動物を作り上げることをめざす。調教が成功した暁には、調教された動物は調教師に支配される存在となる。調教する人間と調教される動物とはあくまでも異質な存在である。人間の教育は、教育者の思いどおりに動く人間を作るのではなく、自律的な人間に育てることをめざす。教育が成功した暁には、教育された子どもは教育した大人の支配から脱して、自律的な存在となる。教育する大人と教育される子どもとは、人間として同質の存在となる。

教育は、未だ自律的でない子どもを自律的な大人にまで育てることをめざす。調教まがいの教育は、大人の思いどおりに動く子どもを作ることはできても、自律的な大人にまで育てることはできない。人間の教育は、動物の調教とは異なる原理に即して行われなければならない。今日の我々の常識的な教育の見方は再検討されなければならない。

2　教育と学習

右の問題を考える準備として、まず教育と学習の関係を確認しておこう。人間の学習は必ずしも教えられることを要しない、つまり意図的・組織的な教育を必要としない。人間は、何も教えられなくても多くのことを学ぶ。教育は、その学習の過程を促進するために行われる。子どもが意図的・組織的な教育を、つまり学校教育を受けることの意義を考えるに先だって、まず教育と学習の関係を確認しておくことにしよう。

子どもは、日常生活の諸経験をとおして多種多様なことを学ぶ。その中には、大人から意図的に教えられて学ぶこともあるが、意図的には教えられないのに子どもが勝手に学んでしまうこともある。子どもは、自分自身の直接的な経験をとおして多くのことを学ぶ。たとえば、誤って火に触れれば、火は熱くて危険だということを知る。子どもはまた、他人のすることを勝手に真似して覚える。子どもは周囲の大人の話すのを真似て声を出し、言葉を話すようになる。海浜に住む子どもは、見よう見まねで泳ぎができるようになる。

右にあげた例のうち、第一の例は、まさに子どもが誰にも教えられずに自分自身の経験によって知る学習であるが、第二、第三の例は、広い意味で他人から教えられて学ぶ学習だといってもよい。しかし、それを教える大人には必ずしも「教える」という気持ちがなく、学ぶ子どもにも

「学ぶ」という気持ちがないことが多い。大人は、自分の必要に応じて何かをし、子どもは勝手にそのことに興味をもって模倣する。その結果として、学習が起こる。(1) これらの学習は、教える側に意図的に教えるという意識がなく、学ぶ側にも学ぶという意識がないから、いわば自然に起こる学習だといってよい。

自然に起こる学習はまた、必然的に起こる学習でもある。子どもは、日常生活の諸経験をとおして多くのことを学ぶ。しかも必ず学ぶ。健常な感覚をもっているかぎり、火に触ってこれを危険だと学ばない子どもはいない。子どもの周囲に子どもに話しかけ、子どもの話に受け答えをする大人がいれば、通常の感覚をもっているかぎり、子どもは話し言葉を覚える。子どもにこのような自然にして必然的に起こる学習をさせないためには、親はよほど注意深く子どもの生活環境を統制しなければならない。

今日では、子どもはすべて長期間にわたって学校に行く。学校で先生に教えられて多くのことを学ぶ。そのために、子どもが何を学ぶにしても、学ぶためには教えられる必要があると考えられがちである。子どもが何も教えられなければ、何も知らない大人になってしまうと考えられがちである。もちろん、そうではない。子どもは何も教えられなくても、生きていさえすれば多種多様な経験をし、その経験から何かを学ぶ。赤ん坊が生きているためには誰かに世話をしてもら

(1) 原ひろ子『ヘヤー・インディアンとその世界』平凡社、一九八九年。

うことが必要だから、必ず身体的な経験だけでなく人間関係の経験もする。(2)子どもは自分自身の経験を自分流に解釈して、そこから何かを学ぶ。何も教えられなくても、自分で勝手に解釈して、多種多様なことを学ぶ。子どもに自然に起こる学習をさせないことは不可能である。

教育は、この自然にして必然的な学習の延長上にある。大人が何かを教えようと意図して何かをし、子どもがその意図どおりに何かを学ぶのは、子どもにとってその何かを学ぶ環境条件がそろったからである。この環境条件がそろわなければ、子どもは何も学ばない。あるいは大人が教えようと意図したこととは異なることを学んでしまう。大人の意図的働きかけは、この環境条件を整えることに限られる。大人は、子どもに学んで欲しいことがあれば、子どもがそれに気づくのに都合のよい体験をさせたり、それを模倣しやすいようにして見せたり、信じ込むように工夫して話して聞かせたりする。こうして意図的な教育が成立する。

今日では、意図的・組織的な教育があまりにも発達したために、巧みに教えれば、子どもに何でも教えることができるかのように考えられがちである。逆に、意図的に教えなければ、何も学

(2)　ルソー(一七一二―一七七八)は、幼い子どもは自然の必然性しか理解できないという(ルソー『エミール』一七六二年、第2編)。しかし、この子どもの見方は根本的に誤っている。子どもは、自分がどんなことをすれば親が喜ぶか、またどんなことをすれば親が怒るかを知って、親との接し方を学ぶ。たぶん、幼い子どもは自然の必然性以上に人間関係の規則性をより早く、より確実に学ぶであろう。

ばないかのように考えられがちである。しかし、そうではない。親が自分に都合が悪いときには いつでも嘘をつきながら、子どもに正直でなければならないと教えても、子どもはこれを学ばない。たいていは、親と同じように、あるいは親以上に巧みに嘘をつくようになるだけである。自然にして必然的に起こる学習に反することを人為的に教えようとしても、子どもはそれを学ばない。それでも無理に教え込もうとすれば、子どもは、自分の本心と外面的な態度とが分裂して、確信的な偽善者になるか心理的な病に陥るかいずれかになるであろう。ときに幸運に恵まれて、そのような親の言動を反面教師として、まっとうな人間になることもあろう。そうであればこそ、子どもが親よりも、生徒が教師よりも、優れた人間になりうるのである。

人間には、もともと直接的および間接的な諸経験をとおして多くのことを学ぶだけの学習能力が備わっている。人間にこの学習能力が備わっていないのであれば、人間も他の動物とたいして違わない存在にとどまっていたであろう。人間の教育は、この人間の学習能力を前提にして成り立つ。

3　教育と調教

はじめに述べたように、教育は、大人が望ましいと考える人間に子どもを育て上げることだと考えられがちである。この考え方に立つならば、人間の教育は動物の調教と類似したものとして捉えられる。動物の調教は、まさに調教師の望むとおりに動く動物を作ることをめざしているからである。しかし、教育がめざすべき人間は、大人が望むとおりの人間ではなく、自律的な存在としての人間である。調教まがいの教育は、大人の思いどおりに動く子どもを作ることはできても、自律的な大人に育てることはできない。人間の教育は、動物の調教とは異なる原理に即して行われなければならない。この点を明らかにするために、次に人間の教育と動物の調教の違いを確認することにしよう。

　教育と調教の違いはどこにあるか。具体的に考えるために、教師が子どもに分数計算を教える場合と子どもが犬に「お手」を教える場合とを比較してみよう。教育と調教はともに、教える者が教えたことを教えられる者がそのとおりに学ぶことをめざす。教師が子どもに分数計算を教えるとき、教師は子どもが教えられたとおりに分数計算をすることができるようになることをめざす。子どもが犬に「お手」を教えるときも、子どもは犬が教えられたとおりに「お手」をすることができるようになることをめざす。これだけをみれば、教育も調教も違いはないようにみえる。

　しかし、学ぶ内容は教育と調教ではまったく異なる。教育においては、教師が教える内容を子どももそのとおりに学ぶ（少なくとも、そのとおりに学ぶことをめざす）。しかし、調教においては、調教者が教える内容を動物がそのとおりに学ぶわけではない（また、そのとおりに学ぶことをめざしてもいない）。教師が子どもに分数計算を教える場合、子どもはその同じ分数計算を学ぶ。子どもが犬に「お手」を教える場合、子どもは犬に一種の行儀作法を教えているが、犬が学んでいるのは行儀作法ではない。子どもに喜ばれる一つの行動パターン、それをすれば褒美をもらえる行動パターンである。「お手」をするという外見的な行動に限ってみれば、子どもが教える内容と犬が学ぶ内容とは同じであるといってよい。しかし、その外見的な行動の意味するところは、教える子どもと教えられる犬とではまったく異なる。

犬が「お手」をする行動パターンは、子どもが勝手に作った行儀作法であって、子どもが自分自身で守っている行儀作法ではない。子ども自身は「お手」などしない。調教においては、教える者は勝手に教える内容を決めて、それを教えられる者に押しつけている。しかも、その押しつけているものは外見で見分けられる行動パターンに限られる。その行動パターンのもっている意味は、教える者と教えられる者とではまったく異なる。教育においては、教える者自身が受け入れている内容を、子どもも同じ内容として受け入れることをめざす。

教育と調教とではまた、その目的が根本的に異なる。教育は、教える者と学ぶ者が（少なくとも教えられ・学ばれる内容に関しては）ともに同じように受け入れる存在になることをめざす。そうなることによって教える者と学ぶ者が相互に対等な存在になることをめざす。しかし、調教は、学ぶ者が教える者の意のままに動かされる存在になることをめざす。教える者と学ぶ者が支配・服従の関係になることをめざす。分数計算を教える教育が成功した暁には、子どもは自分自身で分数計算ができるようになる。「お手」を教える調教が成功した暁には、犬は子どもの思いどおりに「お手」をするようになる。

人間と動物とでは、学習能力が違い、生活世界が違う。人間の教育も動物の調教も、それぞれの学習能力の範囲内でしか行うことができない。人間は分数計算を理解して知るだけの能力をもっているから、これを教えることができる。しかし、犬には分数計算を知る能力がないから、いかに工夫してもこれを教えることはできない。犬は、「お手」をすることはできても、それがよい行儀作法だと知ることはできない。「お手」という特定の行動パターンを習慣化する能力はあるけれども、その行動パターンがよい行儀作法だと知る能力はないからである。

人間を含めて動物の各種にはそれぞれの種に固有の学習能力があり、その学習によって可能になる固有の生活様式がある。人間には人間にふさわしい生活様式がある。教育は、人間を人間にふさわしい生活様式に導き入れる営みである。調教は、人間にとって都合のよい行動様式を動物に教え込む営みである。調教は、動物を人間に支配される存在に作り変える営みである。

動物の世界でも、親が子どもに何かを教えることがある。それは、子どもが親と同じことを同じようにすることのできる対等な存在になることをめざしている。その場合にはこれを教育と呼んでもよいであろう。教育は、基本的に、同種の動物のあいだで行われる。教育は、新しく生まれた動物をその動物に固有の世界に導き入れる営みである。調教は、異種の動物のあいだで行われる。調教は、調教される動物をその動物に固有の世界から逸脱させる営みである。[3]

動物の場合も、生まれたばかりの時点では、それぞれの種に固有の生活様式に従うだけの能力を発揮しえないことがある。その能力を発揮しうるようになるために親から教えられることを必要とすることがある。人間の場合には、人間に固有の生活様式に従うことができるようになるために、他の動物に比べてはるかに多くのことをはるかに長期間にわたって教えられることを必要とする。人間は、長期にわたって教育されなければならない存在である(4)。

教育においては、教える者と教えられる者とは同じ世界に住む。子どもは未だその世界に住んでいないとしても、大人になれば同じ人間の世界に住む。そのために必要なことを子どもは学ばなければならない。子どもは、そのすべてを教えられて学ぶわけではない。多くのことを誰からも教えられずに、自分自身で学ぶ。しかし、教えられなければ学ぶことができない、あるいは難しいことも少なくない。だから、意図的・組織的な教育が行われるのである。教育が成り立つためには、教える者と教えられる者が同じことを同じように知ることができるのでなければならない。

(3)　人工的に育てられた動物を野生に返す営みは、それが野生の動物がもっている能力を回復させようとするかぎりにおいて、教育の一種として位置づけられるであろう。

(4)　カント（一七二四－一八〇四）は、人間は「教育されなければならない唯一の被造物」だといった（カント『教育学講義』一八〇三年（『カント全集17』岩波書店、二〇〇一年に所収））。この命題が、人間がとくに長期間の教育を必要とすること、および人間の教育は人間固有の内容をもっていることを意味するのであれば正しい。しかし、人間だけが教育を必要とするというのであれば誤りである。他の動物もそれぞれにその種固有の教育を必要とする。

教育は、教える者と教えられる者が人間として知るべき同じことを同じように知ることをめざす営みである。教育が成り立つためには、教える者と教えられる者の双方がともに知って受け入れるべき同じことがあり、双方がともにその同じことを同じように知るだけの能力を備えていることが必要である。この条件があればこそ、教育の始まる時点では、あることを一方が知り他方が知らない状態であったのに、その教育が終わる時点では、双方が同じことを同じように知る状態になることができるのである。もしも、教える者が勝手に教える内容を決めて、それを教えられる者に押しつけるのであれば、それは言葉の本来の意味で教育と呼ぶことはできない。それは、教えられる者を教えられたとおりに行動するよう条件づけるだけのことである。それは、人間の教育を動物の調教と同一視するものである。本来の教育は、教える者と教えられる者が人間として知るべき同じことを同じように知ることによって、同じ人間的世界の住人になることをめざす営みである。

4　教育とは何か

教育とは何か。教育とは、教える者と教えられる者が人間として知るべき同じことを同じように知ることをめざす営みである。教育をこのような意味に解するならば、教育とは、基本的に、共通理解を求めて相手を説得する場合と同じものとなる。たとえば、教師が子どもに地動説を教える場合と、地動説を知っている大人が未だ天動説を信じている大人を説得する場合とを比較してみよ。まず、教師が子どもに地動説を教える場合を考えよう。子どもは、以前に誰かから地球が太陽の周りを回っていると教えられて知っている（信じて受け入れている）のでないかぎり、日常生活の素朴な観察をとおして、太陽が地球の周りを回っていると思い込んでいるであろう。この子どもに、その思い込みがまちがっていて、本当は地球が太陽の周りを回っているのだと教えるために、教師はどうするか。教師はいろいろな観察事実や推論を用いて説明して、子どもが自分自身で地球が太陽の周りを回っていることに気づくように働きかける。この働きかけが成功すれば、子どもは、確かに地球が太陽の周りを回っているのだということに気づく（理解して知る）であろう。

地動説を知っている大人が未だ天動説を信じている大人を説得する場合にはどうするか。いろいろな観察事実や推論を用いて天動説が誤っていて地動説が正しいことを相手に分かるように説明するであろう。つまり、教師による子どもの教育も、大人同士の説得も、双方が共通に受け入れるべき同じものを同じように理解して知ることをめざして行われる。この教育なり説得なりが成立するためには、双方がともに知るべき同じものがあり、双方がともにその同じものを同じように理解して知る能力をもっていることが必要である。この点において子どもの教育と大人同士の説得のあいだに違いはない。

もちろん、違いがまったくないわけではない。子どもと大人とでは経験や知識の量・質に大きな違いがあるから、その違いに応じて説明の仕方も変わるであろう。たとえば、子ども相手の説明は子どもでも経験するような単純な観察事実や子どもでも分かるような単純な推論だけを用いるのに対して、大人相手の場合は大人の興味関心を引くようにより複雑な観察事実や複雑な推論を用いることがありうる。そのように説明の具体的な組み立ては異なっていても、その説明の妥当性は異ならないはずである。すなわち、その子ども相手の説明は大人にとっても通用する正しい説明になっているはずであり、また、その大人相手の説明は子どもにとっても（理解されさえすれば）正しい説明になっているはずである。

もしも、同じものを理解する仕方が教師と子どもとでは異なるとすれば、大人は、子どもに特有の理解の仕方に即して説明しなければならない。つまり、大人である自分自身には通用しないけれども、子どもには通用する仕方で説明しなければならない。そのような働きかけは、言葉の本来の意味での説得ではなく、一種の心理的誘導だといわなければならない。

本来の説得と心理的誘導の違いは、前者においては働きかけは双方向的であるが、後者においては一方向的であるところにある。子ども用に特別の説明（つまり自分自身には通用しない説明）を工夫している教師は、その説明が成功しなければ他の説明を工夫するであろう。しかし、変化するのは、説明の仕方だけであって、その説明によって教えようとしている結論そのものではない。教師が子どもに与えた説明は、子ども用に特別に準備された説明であって、自分自身を納得させている説明ではないのだから、それが否定されたからといって、結論には何の影響も与えないはずである。ここでは、子どもから教師への働きかけは原則的に閉ざされている。子どもと教師が同じ証拠や推論を用いて議論を戦わせるという意味での対等な人間関係は成り立っていないのである。

もしも教師の子どもに対する説明が教師自身を納得させている説明でもあったとしたら、その説明に対する子どもの反論は、直接、教師の受け入れている知識への反論となりうる。教師は、ときによっては、たんに説明の仕方を見直すだけではなく、そのような説明によって理解されていた知識自体をも見直すよう迫られることになる。したがって、子どもによる教師への説得が起こる可能性がある。この場合には、双方が受け入れるべき知識が相互批判をとおして追求されている。このような条件を備えている場合にのみ、教師と子どもは同じ証拠や推論を用いて議論を戦わせる対等な人間だということができる。理解をとおして子どもに教えることをめざす教育は、この意味で対等な人間関係の中で成立する。

先に述べたように、子どもが教師と対等な精神的能力を備えていることを認めるからといって、子どもが教師と同じ程度に複雑な思考を展開できるとか、子どもに教師と同じ程度の理解を求めるというわけではない。子どもは単純な説明でなければ理解できず、したがってまた単純に説明できることしか理解させることができない場合がある。子どもの能力の範囲を越えて理解を求め、議論を展開しても、子どもはたんに自分でも分からない議論を振り回すようになるだけである。このことはしかし、子どもの精神的能力は教師より劣るとか、子どもの精神は教師とは違った仕方で働くということを意味しない。子どもと大人では精神の働き方が異なるのであれば、本来の意味での教育、すなわち理解をとおして教えるという意味での教育は成り立たないことになる。(5)

教育の過程は、教師と子どもの相互理解の過程にほかならない。それはまた、両者がともに納得して受け入れることのできる同じものを発見し確認する過程でもある。人間の相互理解が可能なのは、大人と子ども双方がともに受け入れるべき同じものがあるからであり、それを双方が同じように知る能力があるからである。教育は、基本的には、対等な人間のあいだで相互理解を図る努力と異ならないのである。

(5) この点は、次章でもう少し詳しく検討する。

第二章　発達段階と教育

1　先の教育論に対する批判

第一章では、人間のあいだで教育が成立するのは、人間は誰でも同じことを同じように知る能力があるからだと述べた。教師が分数計算を教えれば、子どもがそれを学ぶのは、子どもも教師と同じように分数計算を知る能力があるからである。犬には分数計算を知るだけの能力がないから、いかに工夫しても分数計算を教えることはできない。ここまでは、誰でも受け入れるであろう。しかし、ここから一般化して、人間は誰でも同じことを同じように知る能力があるというのは言い過ぎではないか、という批判が呈せられうる。子どもはまだ知る能力が十分には発達していない。だから、その知る能力を発達させること、知る能力を大人の水準にまで高めることが教育の中心的な役割である。このような批判である。

この批判によれば、教育においてもっとも重要なことは、子どもの心身の成長発達を促進することである。人間は無力な嬰児として生まれてくる。他の動物は、生まれてすぐ、あるいは比較的早い時期に、自立して生きるために必要な能力を獲得する。しかし人間は、生後長期間にわたって多種多様な能力を習得しなければならない。そうしてはじめて、人間は自立して生きることができるようになる。子どもの心身は未だ未成熟で、大人と同等の能力をもたない。だから人間には教育が必要である。子どもが大人と同等の能力をもつに至れば、教育はもはや無用である。少なくともその中心的な役割は果たしたことになる。この考え方に立てば、子どもの心身の成長発達を促進することこそが、教育の、とくに子どもの教育の、もっとも重要な役割だということになる。

子どもは、ある年齢になれば立って歩くようになり、ある年齢になれば言葉を話すようになる。いかに懸命に教えても、その年齢になる前に立って歩くようになったり、言葉を話すようになったりするわけではない。子どもの心身は年齢とともに一定の順序で成長発達する。ものごとを学ぶ（教えられて気づく、あるいは理解して知る）能力も例外ではないであろう。そうだとすれば、大人と子どもとでは、同じことを同じように知る能力がないと考えられる。そもそも子どもは、大人とは異なる存在である。その独自の存在である子どもを一人の大人にまで成長発達させることこそが教育の任務である。右の批判は、およそこのようなものである。

この批判には一理ある。たしかに、子どもがまだ話すことができないときに、話して聞かせても、何も（あるいはほとんど何も）教えられないであろう。子どもがまだ自分の欲求しか知ることができず、他人も同じように欲求をもっていることを知ることができないのであれば、他人のものを取ってはいけないという道徳を教えることはできないであろう。子どもに何を教えるにしても、まずそれを学びうるだけの能力の発達を待たなければならない。ここまでは異論なく受け入れることができる。しかし、ここからさらに進んで、だから子どもの発達段階を正確に確認して、各発達段階に即した教え方をしなければならないというのであれば、あるいはまた、たんに子どもの学習能力の発達を待つのではなく、発達を促進すべきであるというのであれば、必ずしも賛同することはできない。本章では、このような教育の捉え方にどんな難点があるかを考える。

2　教育の前提条件としての発達段階

右の教育の捉え方にも一理ある。しかし、全面的に受け入れられるものではない。子どもの「能力の発達」という用語で何を意味しているかによって、その意味が大きく異なってくるからである。能力の発達とは、たとえば子どもが言葉を話せない段階から話す段階になることを意味するのか、それともすでに言葉を話せる段階にある子どもがその言葉を使ってより多くのことをより正しくより深く知ること、あるいはその知ったことをより正確に表現することができるようになることを意味するのか。あるいはまた、子どもが自分の欲求しか知ることができない段階から他人の欲求をも知ることができる段階になることを意味するのか、それともすでに他人の欲求を知ることのできる子どもが実際に他人の多種多様な欲求を正しく知って、それらの欲求に適切に対処することができるようになることを意味するのか。能力の発達という言葉をどちらの意味に解するかによって、教育のなすべきこと、あるいはなしうることは根本的に異なってくる。

右記二つの例において、能力の発達という語が前者を意味しているとすれば、すなわち、ある発達段階に達するまではなしえないことがその発達段階を越えるとなしうるようになる、ということを意味しているとすれば、たしかに、親や教師と子どもとのあいだでは同じことを同じように知るという条件が成り立たないことになる。つまり、親や教師が何かを教えても、子どもはそれを教えられたとおりに知って受け入れることはできないことになる。その場合、教育が成り立つのであろうか。あるいは教育はどんなものになるのだろうか。

まず右の第二の例について考えてみよう。仮にある子どもが、自分自身の欲求はよく知っているけれども、未だ他人も自分と同じように欲求をもっていることを知ることはできない発達段階にあるとしよう。この場合、この子どもが他の子どもの欲求を無視することをしても、それが悪いことだと教えることはできないであろう。たとえば、ある子どもが自分のお菓子を食べながら、さらに妹のお菓子をも食べたいと思って取ってしまったとしよう。そのために妹が泣いても怒っても、その子どもはなぜ妹が泣いたり怒ったりするかを理解しないであろう。未だ他人も自分と同じように欲求があるとは知らないのだから、妹が自分のお菓子がないために泣いたり怒ったりするとは気づかないはずである。さて、どうすればこの発達段階の子どもに妹のお菓子を取ってはいけないということを教えることができるか。

　その子どもは他人の欲求は分からないけれども自分の欲求は分かるのだから、この能力を利用することが考えられる。たとえば、その子どもが妹のお菓子を取ったら、ただちに母親がその妹のお菓子を取り返し、あるいはさらにその子どものお菓子も取って妹に与え、その子どもが泣いても怒っても取り合わないという方法である。あるいは、その子どもにすでにその時その時の快苦を区別して、快を好み、苦を嫌う傾向があるのであれば、この傾向を利用して、妹のお菓子を取ってはいけないことを教えることも考えられる。つまり、妹のお菓子を取れば、その時すぐに（妹のお菓子を取ったことを忘れる前に）手を叩くなり、口をひねるなりして、苦を感じさせるという方法である。

　これは、子どもに道徳を教えるために賞罰を利用する方法として理解することができる。この場合、子どもが賞罰と解するものであれば、どんな方法でも使われうる。右の例では、子ども自身の欲求が満たされるか否かが、あるいはその時の快苦が、賞罰として使われていた。何が賞罰として効果があるかは、年齢段階とともに変化することが考えられる。たとえば、もっとも幼い段階ではその時その時の快苦が、次の段階ではもう少し長期的な利害が、さらに次の段階では自分の利害よりも周囲の仲間から良い子とみられるか否か、さらに発達した段階では社会で公的に定められた道徳の規則、等々である(1)。

　仮に右の方法が成功したとしよう。それで道徳を教えたことになるのか。ならないであろう。

賞罰によって道徳を教えた場合、子どもは、どんな場合に賞を与えられ、どんな場合に罰を科されるかをかなり正確に予想して、賞を与えられることをなし、罰を科されることをしないようになるかもしれない。しかし、それによってその賞を与えられることが善いことであり、その罰を科されることが悪いことだという道徳的な善悪を知るわけではない。子どもに、巧みに賞を受け罰を避けるように習慣づけただけであって、道徳を教えたことにはならない。

もし子どもが、このようにそれぞれの発達段階に即した賞罰に従って判断し行動するのであれば、親や教師は、子どもの発達段階に即して巧みに賞罰を用いて、子どもが道徳的に善いことをするように習慣づけることはできるかもしれない。しかしそれは、子どもを賞罰に応じた仕方で環境条件に反応するように習慣づけただけであって、その賞罰とは区別して、道徳的な善悪があり、その善悪に従って判断し行動するという観念（考え方あるいは感じ方、といってもよい）を教えたことにはならない。そもそも道徳的な善悪の観念は、子どもが自分自身で気づくのでない

（1）以上は、コールバーグの道徳性の発達段階のはじめの四段階である（永野重史編『道徳性の発達と教育』新曜社、一九八五年）。彼はその後に、公的な道徳規則にもまちがった道徳があることを知って、人々の合意によって成立した道徳規則に従う段階、および普遍的な道徳の原理に従う段階をあげている。その上で彼は、この二つの段階は必ずしもすべての人間が到達しうる段階ではないという。なお、彼はこれら各段階の道徳をその発達段階に即した賞罰と解するのではなく、その発達段階で用いられる道徳の判別規準として解している。この考え方に難点があることは後に述べる。

かぎり知りえない。他人がこれを教えることはできない。道徳的な善悪を教えることができるのは、子ども自身に道徳的な善悪の観念が芽生えた段階以後においてである。それ以前の段階の子どもにはそれぞれの段階にふさわしい仕方で判断し行動するように習慣づけることができるだけである。これは、教育というよりも調教というほかない(2)。

子どもの知的な思考能力が段階的に発達する場合にも同じことがいえる。たとえば、二人の幼児にジュースを与える場合を考えてみよ。二人ともジュースが非常に好きなので、どちらかにたくさん与えるわけにはいかない。正確に同じ量だけ与えなければならない。しかし、あいにく同じ形のコップがない。そんな場合どうするか。あるコップにジュースをいっぱいになるまでついで、それを一方の幼児のコップに移す。次に先のコップにもう一度ジュースをいっぱいについで、それを他方の幼児のコップに移す、ということが考えられる。こうすれば、同じ量のジュースを形の違う二つのコップに移しただけだから、見た目には一方が他方よりも多く見えても、量は同じであることが分かるはずである。それが分かれば、幼児は、コップの形が違い、外見では一方が他方よりも量が多いように見えても、量は同じだと納得して、多く見える方を取り合うことはしないであろう。

(2)　ルソーは、このような精神の発達段階論に立って、理性が働き始める十二歳以前の子どもに道徳を教えることを否定した。ルソーの消極的教育は、まさにこの意味での調教に陥っている。

しかし、幼児の思考能力がジュースを一つのコップから他のコップに移してもその量は変わらないという事実を理解することができない段階にあるのであれば、そういうわけにはいかない。この場合、どうすればこの子どもにその二つのコップに入っているジュースの量は、見た目には違っているが、本当は同じなのだと教えることができるか。できないであろう。少なくとも、教師がごく自然に自分自身を納得させている考え方に従って子どもに説明しても、あるいはあれこれ観察させても、子どもは納得しないであろう。この場合、教師は、子どもの思考能力が発達して、ジュースの量は他の容器に移しても変わらないということが分かるようになるまで待つほかないであろう。(3)

現実にこのようなことが起こった場合、我々はどうしているか。子どもに両方のジュースの量は同じだと納得させることはあきらめて、年長者が年少者に譲るとか、交互に多く見える方を取るとか、何か方策を工夫するのではあるまいか。否、多くの場合は、予め同じ形のコップを二つ用意しておいてそんな争いが起こること自体を防ぐのではあるまいか。要するに、ジュースの量は容器を変えても変わらないということは、他人が教えることはできない。子どもが自分自身で気づくほかない。もしもそれに気づく発達段階が決まっているのであれば、その発達段階に達す

(3) 類似の例が、J・ピアジェ（波多野完治・滝沢武久訳）『知能の心理学』みすず書房、一九六七年（原著一九五二年）にあげられている。

るまで待つほかない。

以上のように、能力の発達という語で子どもの能力が質的に異なる状態に段階的に発達することを意味するのであれば、発達段階は教育を可能にする前提条件であって、それ自体が教育の目的になるわけではない。教育は、何を教えるにしても、子どもがすでにそれをなしうる発達段階に達していることを前提にして、その能力を使って現実になしうるように手助けすることに限られる。

3　教育における人間関係

教育を考える上で、子どもの身体的能力の発達については、質的に異なる状態への段階的な発達とそれぞれの段階での能力の発達（熟達と呼ぶべきか）とを区別することはさほど注目されない。たとえば、立って歩くほどに強い骨と筋肉が発達する前に、より安定して立つ、より速くあるいはより長く歩くなどの発達をめざして教育するなどということは、通常は、起こらない。いわば自然に発達段階に即した教え方をするようになっている。そのかぎりで発達段階に即した教育という原則は、妥当であるといえよう(4)。

しかし、子どもの精神的能力の発達については、同じようには考えられない。右に例をあげたように、もしも子どもの精神的能力が善悪を感じることができず、賞罰しか感じられない発達段階があるとすれば、この段階の子どもに善悪を教えることは、未だ歩けない子どもに速く歩くことを要求しているようなものになる。そんな教育が失敗することは必然である。教育は、子どもそれぞれの精神的能力の発達段階に適した内容を発達段階に適した方法で教えなければならない。これが、一般に発達段階に即した教育と考えられているものである。

はたしてこの考え方に従って子どもを教育することができるか。たとえば、道徳を教える場合に、親や教師が発達段階に即した教え方をしようとすれば、子ども各自の発達段階を確認し、それぞれの発達段階に応じた教え方をしなければならない。親が子ども一人をかなりの長期間にわたって教えるのであれば、それも可能かもしれない。しかし、子どもの発達段階は時とともに変化し、また道徳判断を迫られる問題によっても変化する。これを教える各時点で正確に確認することは容易なことではない。まして一人の教師が多数の子どもを同時に教えるときには、子どもによって発達段階が異なるであろうから、発達段階の異なるすべての子どもに適した一つの方法を用意しなければならない。これは不可能、あるいはきわめて困難である。個別指導をするのであれば、子ども各自の発達段階を正確に把握して、それぞれの発達段階に即した方法を用意すればよいから、十分に注意すれば可能かもしれない。しかしその場合には、教えるべき道徳の内容

（4）ただし、近年はスポーツの早期教育が盛んになったために、子どもの身体への過剰な負担を避けることが問題になっている。

よりも発達段階に即した教え方に気を取られて、十分に教えることができなくなるであろう。いずれにしても、子どもに道徳的な善悪を教えるのであれば、子どもの発達段階がどこであれ、同じような教え方で善いことは善い、悪いことは悪いと教え、子どもがその道徳を理解すればよし、理解しなければさらに教え方を工夫するということでなければ、道徳を教えることはできないのではなかろうか。

子どもの精神的能力が質的に異なる段階を経て発達するという考え方には、さらに次の難点がある。子どもの精神的能力に質的に異なる発達段階があるのであれば、その発達段階のより高い人はより低い人よりも正しく判断することができるはずである。そうであればこそ、精神的能力がたんに「変化」したのではなく、「発達」したといえるのである。そうだとすれば、発達段階の高い人と低い人とのあいだで判断が異なった場合には、発達段階の低い人は高い人の判断に従うべきだということになるであろう。しかも、発達段階の高い人は低い人がなぜそんな判断をするかを理解するけれども、逆に発達段階の低い人は高い人がなぜそんな判断をするかを理解できないということになるであろう。

この考え方に立てば、親や教師は、子どもの判断や行動をそれぞれの発達段階に即した反応の一種だとみてしまうことになる。親や教師は、自らを子どもより高い精神段階に位置づけることによって、子どもとの相互理解の道を絶ち、子どもとの対等な人間関係を絶つことになる。(5) それでは人間の教育は、動物の調教と同じものになってしまう。

学校で知識や道徳を教える場合の大半は、すでに子どもにも教師と同じ思考や判断の能力があることを前提にして、その能力で理解できることを教えようとしているはずである。そうであればこそ、教師は、自分の知っていることを自分が理解しているとおりに子どもに説明することができる――ときに説明を簡略化することはあっても、虚偽の説明をすることはしない――。そしてその場合にのみ、教師は真剣に子どもを説得することができる。教育は、基本的には、子ども自身の理解をとおして教えることをめざす。この場合、教える者と教えられる者は、その教えられる事柄について同じように理解する能力をもっているものと想定されている。教える者と教えられる者は、この意味で対等なのである。

子どもが小学生のときには、子どもの方が知的思考や道徳的判断において親や教師以上に正しく考えているということはほとんどないかもしれない。しかし、中学生になれば、しばしばとはいわなくてもときに、親や教師よりも子どもの方が正しく考えていることがあるのではなかろうか。子どもが高校生や大学生になれば、さらに親や教師との差は縮まり、ときに逆転することもある。今日、現実の教育場面で、このようなことがかなり頻繁に起こっているのではあるまいか。

（5）　少なくとも子どもは親や教師を理解することはできない。親や教師も必ずしも子どもを理解することができるわけではない。子どもを理解できるのは、自分自身の子どものときの経験から、あるいは子どもの精神発達に関する科学的知識に基づいて、子どもそれぞれの発達段階とその段階での精神の働き方を正確に見分けることのできる者だけである。

教育は、学校教育はとくに、ほとんどの場合、教える者と教えられる者が同等の精神的能力をもっていることを前提にして、その能力で知りうることを実際に知るように手助けするものである。

4　発達段階の捉え方

そもそも精神的能力の発達段階とは何か。発達心理学者が子どもの精神的能力の発達段階を確定するために観察している場合を考えてみよ。観察者が何か問いを発して、子どもがその問いにどう答えるかを観察する（このとき言葉での問答だけでなく、態度や行動での問答をも含む。以下同様）。そのとき、観察者は、できるだけ子どもが自由に自分自身の考えに従って答えることを求める。観察者が不用意な質問をしたり不適切な環境条件を作ったりして、子どもの答えを誘導することのないように注意する。子ども同士が勝手に話し合うことがあっても、発達段階の異なる子どもたちがいて、一方の発達段階の子どもが他方の発達段階の子どもに影響されることのないように注意する。こうして、子どもが自由に自分自身の考えに従って答える場合に、その答えが子どもの年齢とともにどのように変わっていくかを多数の子どもを観察して確認する。こうして得られた一定の傾向が子どもの精神的能力の発達段階とされるものである。

つまり、子どもの精神的能力の発達段階とは、子どもが自由に考えるときの考え方の傾向を示すものである。観察者が種々様々な工夫をして子どもに考えさせて、その結果、子どもが知りうることの限界を示すものではない。しかし、教育において教師が子どもに何かを教える場合には、まさに教師はできるかぎりの工夫を凝らして子どもに考えさせることによって、教師の教えることが子どもに分かるように導いている。この教師の工夫を子どもの発達段階を高めるための工夫だといえば、いえないこともない。しかし、もしもこの工夫によって実際に発達段階が高まるのであれば、教育によって子どもの発達段階も異なってくることになる。そうなれば、教師が捉える発達段階は発達心理学者が確定した発達段階とは異なるものになるであろう。あるいは、そもそも発達段階は確定されないことになるかもしれない。

発達段階という概念が心理学的に意味があるものであるためには、発達段階は教育によって変化するものではなく、子どもの年齢段階によって決まるものでなければならない。あるいは、発達段階が年齢によって決まってしまうわけではなく、教育を含めて年齢以外の諸条件、たとえば栄養状態や身体的発育状態、社会の諸環境条件などによって変わることがあるかもしれない。しかし、その変化は小さくて、少なくとも意図的教育にとっては所与の条件とみなしうる程度にとどまるものでなければならない。そうではなく、教育によって大幅に変わるのであれば、発達段階を確定することができず、発達段階の概念そのものが意味を失ってしまうであろう。

発達段階が教育によって所与とみなされるのであれば、教育は、この発達を促進すること、つまりできるだけ早く発達段階を上昇させることではなく、すでに子どもがある発達段階に達していることを前提にして、その発達段階で知りうることを実際に知っている状態にすることでなければならない。潜在的な可能性としては、子どもが自分自身で知りうることではあっても、その可能性が具体化して実際に知るためには、適切な経験と幸運に恵まれなければならないことが多い。教育は、この潜在的可能性を具体的事実にするために働きかける営みである。

5　教育における発達段階の意味

教育は、原則として、子どもの精神的能力がほぼ同じ程度の発達段階に達していること、そしてそれが親や教師の発達段階と大きくは違わないことを前提にして行われる。しかし、だからといって、子どもの発達段階をまったく無視してよいというわけではない。発達段階は、たとえば二～三歳以前の言葉を話す以前と以後、性的成熟の始まる思春期以前と以後など、大きな枠組みとしては考慮されるべきである。この意味での精神的能力の発達段階は、教育を可能にする前提条件であって、教育の目的ではない。子どもがより早く言葉を話すように教育する、あるいはより早く性的に成熟するように教育するなどということは無用である。教育は、それぞれの段階の精神的能力が発現することを待って、その能力で子どもが知りうることを実際に知るように導く営みである。

それにしても、現に発達心理学が発見したように、子どもの精神的能力が発達段階を経て質的に異なる働き方をするのは事実ではないか。それを無視して、大人の論理で子どもを教育することはできないのではないか。このような疑問が呈せられるかもしれない。この点については、次のように考えられる。

子どもが大人と同じように感じたり考えたりしないのは、感じたり考えたりする精神の働き方が大人とは質的に異なるからではなく、未だ生活経験が少ないために感じたり考えたりするための材料、つまりそれまでに獲得した知識が少ないためである。その子どもの感じ方や考え方が年齢と対応して一定の順序で変化するのは、同じ社会の子どもはほぼ同じような生活経験をし、同じような知識を獲得していくからである。またその変化が発達として解されるのは、その感じ方や考え方の変化が生きていく上でより適切なものになっていくからである。人間の精神の働き方が大人と子どもとで質的に異なるわけではない。子どもは未だ経験に乏しく、知識が少ないから、精神が十分に働かないだけである。原理的には、子どもの精神も大人の精神と同じように働く。そうであればこそ、大人が教えれば子どもがそれを理解して受け入れる、ということが起こりうるのである。

先の道徳的思考力についての発達段階論は、子どもが賞罰や欲求充足など道徳的善悪以外の諸要因によって道徳的な善悪を判断するとみなす点において誤っている。それらの諸要因は、子どもに自由に考えさせれば、しばしばあげられる理由ではあっても、それが善悪と同一視されているわけではない。幼い子どもは、未だ経験が少なくて広く深く考えることをしたことがないから、あるいは広く深く考えることに慣れていないから、ついその時その場で賞罰を与えられるか否か、欲求が満たされるか否かにしか気がつかずに判断してしまうことが多いのであろう。だからといって、この段階の子どもが賞罰を受けることと道徳的な善悪とを区別することができないわけではない。区別することができればこそ、悪いことをしないのに親が誤って罰を下すならば、怒って反抗する、あるいは悪いことをしたのに罰を受けずにすめば、後ろめたさを感じる、などのことが起こるのである。

このようにいえば、子どもに善悪が感じられているわけではない、ただ、それまで習慣づけられた仕方と異なった仕方で罰を受ければ怒り、異なった仕方で罰を免れれば後ろめたさを感じるだけだ、と反論されるかもしれない。つまり、すでに習慣づけられたことに反するために起こっているだけだ、と反論されるかもしれない。しかし、この反論は誤っている。そのようにして子どもを習慣づけようとすれば、つねに首尾一貫して子どもに賞罰を与えなければならない。親が見ていないために、あるいは不注意で、賞罰を与えないとか誤った与え方をすれば、子どもは一定の仕方で習慣づけられず、何をしたら罰せられるのか、何をすれば賞されるのかについて混乱した状態になるであろう。賞罰によって子どもによい習慣をつけようとするのであれば、その習慣づける行動パターンを限定して、その限定された行動パターンが起こるたびに、首尾一貫して正確に賞罰を与えなければならない。子どもによい習慣をつけるのに失敗するのはそれができない、あるいは難しいからである。動物の調教が成功するのはそれができる場合に限られる。

人間の場合も、賞罰によって習慣づけられることは、トイレの使い方や箸の持ち方など比較的単純な行動パターンであって、親がいつも見守って指導することができることに限られる。道徳的な善悪のように多種多様な状況で多種多様な仕方で表現される判断や行動を単純な行動パターンを習慣づけるような仕方で教えることは不可能である。子どもに善悪を知る（感じる、あるいは考える）能力が生得的に備わっていて、その善悪によって賞罰の適不適を判断する。だから、善悪を知った子どもは、善悪に反する賞罰に従うことはできなくなる。人間は、善悪に従うように教えることはできるが、賞罰に従うように習慣づけることはできないのである。(6)

（6）道徳教育については、第五章でさらに詳しく検討する。

第二章　社会化と教育

1　先の教育論に対するもう一つの批判

教育は、教える者と教えられる者が人間として知るべき同じことを同じように知ることをめざす営みである。この意味での教育が成り立つためには、教える者と教えられる者の双方がともに知って受け入れるべき同じことがあるのでなければならない。そしてまた、その同じことを同じように知るだけの能力をもつのでなければならない。この二つの条件があればこそ、教育が始まる時点では、一方が知り、他方が知らない状態であったのに、教育が終わる時点では、双方が同じことを同じように知る状態になることができる。

我々は、これが教育の本来のあり方だと考えた。この教育論に対して、子どもは未だ大人と同じように知る能力をもっていないという批判がある。前章で、この批判に対する反論を述べた。この教育論に対しては、さらにもう一つの批判がある。この教育論では、教える者と教えられる者がともに知るべきことが、「人間として知るべき同じこと」といわれている。つまり、教育において教えられることは、すべての人間にとって同じことだといわれている。しかし、そうではない。教育において教えられることは、時代や社会によって異なる。教育は、各社会においてその社会の構成員として必要なことを教える。したがって、教育において教えられることは、各社会においてその社会の構成員にとっては同じことであるが、すべての人間にとって同じことではない。このような批判である。

先に、我々の教育論を説明するために分数計算の例をあげた。分数計算の方法は、人間が作るものではなく、人間にとって所与のものである。教師であろうと子どもであろうと、あるいは他の誰であろうと、分数計算をしようと思えば、その正しい方法に従わなければならない。ほとんどの子どもは、この方法を教えられて知る。しかし、幸運に恵まれれば、誰にも教えられずに自分自身で発見することもありうる。すべての科学的知識は、最初にそれを発見した人は自分自身で発見したはずである。教師が教える知識がもともと子どもが自分で発見しうるものであればこそ、子どもは教師の説明を聞いて、その説明を理解して受け入れるのである。我々が「分かった」という経験をするのは、そのためである。

科学的知識の教育については、我々の教育論が正しいようにみえる。しかし、道徳や芸術の教育についてはどうか。分数計算の正しい方法は誰にとっても正しい方法である。しかし、道徳的な善悪は時代や社会によって異なるのではないか。人によっては、個人によって異なるというかもしれない。かつて人間は各自自分の身分をわきまえて生きるべきだとされていたが、いまでは人間は誰も平等だとされている。道徳が時代や社会によって異なるものであれば、子どもが道徳を知るためには、子どもの生きている時代・社会の道徳を知っている人から教えてもらうほかないであろう。教えられたことを覚えて、自分もそれに従うほかないであろう。

現実の教育を考えてみよ。子どもが教えられる事柄は人間に共通のものもあるが、各社会に固有のものも少なくない。たとえば、言葉がそうであり、文化や芸術の中にも各社会に固有のものが多い。法や道徳も一部は人間に共通であるが、一部は各社会に固有のものであるようにみえる。科学的な知識にしても、子どもがそのすべてを学ぶわけではなく、教育をとおして教えられるものは相当程度に各社会に固有のものだということができる。このようにみてくると、教育において教えられる事柄は、基本的に、各社会に受け継がれてきた固有の文化であり、教育とは、各社会の文化を新しい世代に教えて、新しい世代をその社会にふさわしい成員に育てる営みだと考えられることになる。

たしかに教育において教えられることは、必ずしもつねにすべての人間にとって同じものではなく、しばしば各社会内の人間にとってだけ同じものである。子どもは、すべての人間に通用する言葉一般を学ぶのではなく、各社会で通用している特定の言葉を学ぶ。道徳についても同じである。身分制度の社会では身分制度の道徳を学び、平等制度の社会では平等制度の道徳を学ぶ。人々の信じる宗教とその人々の住む地域とのあいだに強い相関があることも、同じ理由による。

動物は、自らが直接経験したことだけを知る。人間は、他人の経験からも知ることができる。人々の諸経験は総合され蓄積されて、それぞれの社会の文化を形づくる。新しい世代は、この文化を学ばなければならない。そうしてはじめて、人間は、動物の水準を越えて人間の水準に達することができる。子どもが成人になるためには、自分が将来所属することを予定されている社会の文化を学ぶことが必要である。そう考えるならば、教育は、各社会においてその社会に固有の文化を新しい世代に教えて、その社会にふさわしい成員を形成する営みだということになる。この意味での教育は、一般に「社会化」と呼ばれる(1)。はたして教育はこの意味で社会化だということができるか。我々の教育論はこの点をどう考えるか。

2　個人と社会

歴史的にみるならば、たしかに教育は、それぞれの社会において、その社会の文化を教えることによって、その社会の成員を形成してきた。教育は、事実として、社会化であるというほかな

（1）社会学者デュルケム（一八五八―一九一七）は、この考え方を典型的に示している。たとえば、デュルケム『教育と社会学』一九二二年。なお、デュルケムの社会化論については、拙著『改訂 公教育の原理』東洋館出版社、二〇〇四年（とくに第9章）でも論じた。

い。しかし、それにもかかわらず、教育は社会化だと単純に割り切ってしまうわけにはいかない。教育は新しい世代を既存の社会に適応させることだといってしまえば、たとえ既存の社会が悪い社会であっても、教育は新しい世代をその悪い社会に適応する人間を育てるほかないということになる。そうではなく、その悪い社会をよりよい社会に改革する人間を育てるのが教育である。教育は、無批判に既存の社会に適応する受動的な人間を形成するのではなく、既存の社会を理想の観点から批判し改革する主体的な人間を形成するべきである。少なくともそうすることをめざすべきである。教育を社会化とみなすとき、教育のこの現実批判や理想追求の側面が無視されることになる。

この批判に対しては、既存の社会を批判し改革するその知識もまた、既存の社会の文化の一部分であるという反論が呈されるかもしれない。既存の社会で未だまったく考えられてもいない知識は、誰も知らないのだから教えようがない。教育で教えることのできる知識は、すでにその社会で知識として受け入れられているものに限られる。そうだとすれば現実批判や理想追求を教える教育もまた社会化にほかならないということができる。

この反論には一理ある。たしかに、現実批判や理想追求を内容とする知識を教える教育も、その社会でそのような知識として知られているものを教えるほかない。誰一人知らない知識を教えることはできない。教育において教えられる知識は、その社会ですでに知られている知識である。しかし通常は、その知識は多様で、しかもしばしば相互に対立しているであろう。その多様で相互に対立する知識のうち、社会化としての教育はいずれを教えるのか。

単純に、その社会の支配者あるいは多数派が支持する知識を教えればよいわけではない。それでは、現状追随になってしまう。だからといって、被支配者あるいは少数派の知識を教えればよいともいえない。その知識は誤っているかもしれないし、実現不可能かもしれない。教育において教えるべき知識は正しい知識でなければならない。そのためには、社会の現実批判や理想追求を根拠づける正しい知識があるのでなければならない。

事物の世界について現状を批判し理想を追求するのであれば、正しい科学的知識を知らなければならない。人間が鳥のように空を飛びたいと思って、むやみに鳥のまねをしても、空を飛ぶことはできない。物体が空を飛ぶときの科学的法則を知り、その法則を応用して飛行機を作る技術を開発して、はじめて空を飛ぶことができるようになる。同様に、社会の現状を批判して理想を追求するのであれば、社会の動きについての法則を知り、その法則を応用して社会を変える技術を開発することが必要である。はたしてそのような科学があるのか。

教育を社会化だと考えたデュルケムは、社会を対象とする科学すなわち社会学が成立し、その社会学が発展すれば、いずれ社会の現実批判や理想追求について正しい知識を提供するようになる、と考えた。

社会を構成するのは人間諸個人である。しかし、社会はその諸個人によって自由に作ったり作り変えたりすることのできるものではない。個人が社会のあり方を決める面もあるが、逆に社会が個人のあり方を決める面もあり、しばしば、後者の方が強く現れる。なぜこんなことが起こるのか。社会はそれを構成する諸個人とは別種の存在であり、それ自体の法則に従って存在するからである。個人が社会を動かそうと思えば、その社会の法則を知って、その法則に従って正しく社会に働きかけるのでなければならない。専制君主であれ国民多数であれ、思いどおりに社会を変えることができないのは、社会の法則に従って正しく社会に働きかけることに失敗するからである。デュルケムは、およそこのように考えた(2)。

はたして、この考え方は正しいか。たしかに、個人が社会を動かすよりも、社会が個人を動かす面がある。また、社会が専制君主であろうと国民多数であろうと、彼または彼らの思うようには動かない面もある。そのかぎりで、社会はそれを構成する諸個人とは別種の存在だとみなすことができる。そして、その社会には社会固有の法則があり、社会はこの社会法則に従って動いているから、個人が社会を思いどおりに動かすためには、その法則を知ってその法則に従って適切に社会に働きかけなければならない、ということも是認することができる。

しかし、このことから進んで、その社会法則に関する正しい知識を得れば、人間が社会のあるべき姿を見いだし、社会を適切に制御することができるようになる、ということはできない。この誤りは、社会法則とその法則に従って出現する社会のその時その時の具体的な状態とを区別し

(2)　デュルケム『社会学的方法の規準』一八九五年、『社会学と哲学』一九二四年などを参照。

ないことによって起こっている。デュルケムの考える社会法則は、自然法則と同じように、人間が変えることのできないものであり、人間はこれに従うほかないものである。しかし、社会の具体的な状態は、人間が変えうるものであり、また実際に過去において変えてきたし、今後も変え続けるものである。社会の具体的な状態は、社会法則に従って出現するにもかかわらず、社会法則から必然的に導き出されるのではなく、人間の営為によって作られ、また作り変えられる。必ずしも意図どおりに作り変えることはできないにしても、少なくとも作り変えることはできる。

これは何も社会に固有のことではない。事物の世界においても同じである。事物の世界は、自然法則に従って存在している。しかし、事物の世界の刻々の状態が自然法則によって決まってい るわけではない。人間が介入して事物の世界の状態を変えることができる。昔は自然界に人工衛星なるものは存在しなかった。いまは多数の人工衛星が飛んでいる。人工衛星は、自然法則に従って飛んでいるが、同時にまた、人間の意志に従って飛んでいる。同じことが、地球上各地の自然環境についてもいえる。自然環境の変化が自然法則に従って起こるにもかかわらず、ある地域が緑の野山として保存されるか砂漠化してしまうかは、人間の介入によって影響される。人々の行動が事物の状態を変え、自然環境を変える。自然法則が具体的な事物の世界を決めるわけではない。人間は、自然法則を利用して、具体的な事物の世界を変えることができる。

しかし何でも、またどのようにでも変えることができるわけではない。具体的な事物の世界の中には、人間が変ええないものもある。惑星の位置は、我々人間が未だそれを変えるだけのエネルギーをもちえないがゆえに、変えることができない。台風の位置は、その位置を変える方法を知らないがゆえに、変えることができない。具体的な事物の世界は、人間がそれを支配する自然法則を知り、その法則を利用して実際に変化させる方法を開発するかぎりにおいて、人間が変えうる世界となる。その事物の世界は、自然法則から必然的に出現するものではない。何らかの程度において人間の意図的な営為によって影響された形で出現する。

社会についても同じことがいえる。社会は、社会法則に従って存在している。しかし、具体的な社会の刻々の状態は、社会法則によって決められるわけではない。人間は、具体的な社会の状態を変えるためにはできない。ただし、社会法則に従って介入するのでなければ、社会を意図どおりに変えることはできない。ただし、社会法則を知らないために、あるいは社会法則を知っていてもそれを利用する方法を知らないために、変えられないこともある。我々がいま生きている所与の社会には、このような意味で変えられない部分があり、意図に反して変わってしまう部分もある。しかしまた、我々人間の意図的営為が変えうる部分もある。少なくとも何らかの程度において、具体的社会は、それを構成する諸個人の意図的営為によって、つねに変わりつつある。そして、その人間の意図的営為は、社会法則に従って自然に生まれるのではなく、人間が主体的に決めることによって生まれる。

教育は、社会法則から導かれるものではない。具体的な社会において、その社会を構成する諸個人の意図的営為として行われるものである。この意図的営為を導くための知識、すなわち社会の現実批判や理想追求を根拠づける知識は、デュルケムが考えるように、人間諸個人とは別種の存在としての社会についての科学的知識から導き出せるものではない。それは、個別具体的な社会状況の中で人間各個人が主体的に選び取るほかないものである。

3　文化と人間性

教育を社会化とみなすことには、さらに次の難点がある。教育を社会化とみなすのであれば、教育が行われる社会を具体的に限定しなければならない。そして、教育は、その社会の新しい世代に、その社会を代表する文化を教えるのでなければならない。これが可能なためには、その社会に一つあるいは複数の代表的な文化があるのでなければならない。(3) もしないのであれば、改めて確定しなければならない。いかにしてどんな文化を代表的な文化とするか。結局、その社会の支配者あるいは多数派の支持する文化をその社会の代表的な文化とするほかないであろう。

そうして確定した代表的な文化が確実に新しい世代に教えられるならば、それなりに安定した社会が築かれるであろう。しかし、各社会がそれぞれに他の社会とは異なる独自の文化をもつこ

（3）一般に国民国家と呼ばれる国家は代表的な文化が一つであることを建前とし、多民族国家を自称する国家は代表的な文化が複数であることを建前としている。

とになれば、それだけ異なる社会間の文化の違いが大きくなり、社会を越えて人々が相互理解・相互協力することが難しくなる。その結果として、各社会の内部では人々が文化の同一性のゆえに団結し、文化を異にする諸社会のあいだでは人々が文化の異質性のゆえに対立することにもなりかねない。近代以前の宗教を異にする社会間の戦争や、近代以後の国民国家間の戦争、そして対立する経済的イデオロギーに基づく東西冷戦などは、このことが実際に起こることを如実に示している。この点においても教育を社会化とみる考え方は、とうてい受け入れられるものではない。

それにしても、文化は社会によって異なる。人間は文化一般を学ぶのではなく、特定の社会で通用している特定の文化を学ぶ。その結果、その特定の社会では通用する人間になることはできても、他の社会でも通用する人間になるわけではない。言葉を学ぶのであれば、何か特定の言葉を学ばなければならない。そうすることによってその言葉を自由に使えるようになったからといって、他の言葉も使えるようになるわけではない。他の言葉を使いたければ、改めてその言葉を学ぶほかない。この点からみれば、教育は、結局、社会化を越えることはできないのではないか、という疑問がわく。

子どもは、特定の文化を教える教育を受けて、その文化の通用する社会で生きる人間になる。たとえ、その文化がその子どもの出自とは関係なく、親なり子ども自身なりが決めるにしても、人間が特定の文化に結びつけられた存在であること自体は避けられない。そうであれば、結局、教育は文化的に偏った人間を形成し、結果的に、文化を異にする諸社会が相互に対立する状況を再生産するほかないのであろうか。この点について、我々はどう考えるべきか。

人間各個人は、自らの直接的・間接的な諸経験をとおして多くの知識を獲得する。各個人が獲得した諸知識のうち、その個人が興味関心をもつだけのものは、その個人がいなくなるとともに忘れられていく。しかし、他の人々の興味関心を引くものであれば（たとえば、他の人々にも役に立つものであったり、好奇心をかき立てるものであれば）、その知識を他の人々も受け入れ、次の世代にも伝える。こうして、各社会にはその社会の人々の獲得した多種多様な知識が総合され蓄積されていく。これが文化と呼ばれるものである。

各社会は、何らかの程度において他の社会とは異なる文化をもつ。言葉はその一例である。人間の話す言葉は多種多様である。しかしまた、言葉を話すということ自体は人間に共通である。言葉のない社会はない。動物は、ごく単純な言葉らしいものを話すことがあっても、人間のように発達した言葉を話すことはない。(4) そうだとすれば、言葉を話すことは人間に共通の文化だと考えてもよいのではなかろうか。一般に、人間が獲得した特性や知識のうち社会によって異なるものだけを「文化」と呼ぶから、言葉を話すことは人間に共通な特性という意味で「人間性」と呼んでもよい。このような一般的な用語法に従うならば、それぞれの社会に固有の文化は、人間に

(4)　人間の言葉の特徴は、現実にないことを想像して表現するところにあるものと考えられる。

共通の人間性が多種多様な環境条件において異なった形で表現されたものであると考えられる。

人間が生後の学習によって獲得した特性や知識のうち、社会によって異なるものだけを文化と呼ぶならば、文化の教育は社会によって異なり、新しい世代に教えて覚え込ませることが必要になると考えられる。教育を社会化とみなす教育論は、その典型である。しかし、それら諸文化の多様性は共通の人間性の表現上の違いを示すものだと考えるのであれば、教育の目的はその共通の人間性を育てることであり、固有な文化を教えることはそのための手段であるとみなすことができる。たとえば、日本語を教える教育は、たんに日本語という特定の言葉を使える人間を形成するだけではなく、どんな言葉であれ言葉を使って考え、言葉を使って意志疎通することができる人間を形成するものと考えられる。

人間の子どもは、心身に特別の障害がなく、普通に言葉が話される環境の中で育てられれば、自然にその言葉を話すようになる。しかし、何らかの障害のために幼いときに言葉を聞くことも話すこともない育ち方をするならば、何か特定の言葉を使えないだけでなく、言葉そのものを知らない大人になってしまうであろう。この言葉そのものを知らない人と何か一つの言葉だけは使えるが他のどんな言葉も使えない人と比べるならば、そこに大きな違いがあることがみえてくるであろう。どんな言葉であれ言葉を使える人は、言葉によって表現される世界を知り、その世界の中で考え行動することができるけれども、言葉そのものを知らない人は、言葉で表現される世界を知らず、言葉のない世界で生きることしかできない。それゆえに、言葉そのものを知らない人は、何か一つでも言葉を使う人々とは根本的に異なる人間になるであろう(5)。

このように、特定の言葉を使う人間を形成するときには、言葉を使って生きるという点で同じ人間を形成しているのである。一般的に表現するならば、文化を教える教育は、特定の文化を教えることをとおしてその文化に従って生きる人間を形成するだけでなく、特定の文化を越えて通用する人間性に従って生きる人間をも形成しているのである(6)。

これまでの教育は、特定の文化を教えて、その文化に従う人間を形成することばかりをめざしてきた。しかし、文化を教える教育は、特定の文化を教えることをとおして、人間に共通の人間性を教える教育にもなることができる。この教育が成功すれば、人間各個人は、それぞれに特定の文化に従いつつ、文化の違いを越えて相互に理解し協力することができる人間になる。こうして、文化を教える教育は、特定の文化に閉じ込められた人間ではなく、多様な文化に開かれた人

(5)　通常は、言葉は音声によって表されるが、音声を聞き取れない人にとっては他の感覚器官によって表されうる。ヘレン・ケラーの例は、感覚器官の故障は言葉の習得にとって根本的な障害ではないことを示している。しかし、他の人々と同じように働く感覚器官を何一つ備えていない人は、他人との言葉による意志疎通ができないから、結果的に言葉なるものがあることを知ることができないであろう。

(6)　道徳についても同じことがいえる。道徳教育については第五章で改めて論じるので、ここでは省略する。

間を形成するものとなる。

4　文化の多様性と個性

文化は、共通の人間性の多種多様な生活条件における表現である。その表現はときに、否しばしば、誤る。誤った文化はその誤りが見いだされれば訂正される。こうして、文化の歴史的変化が起こる。かつて多くの社会で、病気を呪術によって治療することが行われていた。病気は幸運であれば何もせずに治るものであるから、呪術を施して治ることがあっても不思議ではない。しかし、呪術よりも確実に効き目がある薬草が見いだされれば、その薬草が治療に使われるようになる。人間の文化は、このように人間が生きていく上で必要なものであれば、その必要に応えるかぎりで継承され、その必要に応えないのであれば消滅する。

文化はまた、人間の生活条件が変化すれば変化する。人間の生活条件が変化すれば、その変化に応じて新しい文化の展開が起こる。その新しい文化は試行錯誤をとおして人々の必要によりよく応えるようになる。人々がしばしば飢饉に陥っていた時代には、掠奪によって生きることがこつこつと働いて生き延びることよりも確実な生き方だったのかもしれない。国家間で侵略のために戦争をすることが当然とされ、その戦争に貢献した者は英雄として讃えられる近代の文化は、その延長上に位置づけられる。今日では、侵略のための戦争は悪いことだとされている。たぶん、掠奪しなくても確実に生き延びる方法が見いだされたからであろう。しかし、いまでも自衛のための戦争はよいことだとされている。これだけ物質的に豊かになり、これだけ破壊的な兵器が発達した今日でも、依然として戦争によって問題を解決しようとする文化が存続しているとは、異常というほかない。[7]いずれにしても、基本的に、文化は現実の必要によりよく応えるように発展するであろう。少なくともそう期待することができ、またそのために努力することができる。

人々の生活の必要に応える文化は、必ずしも一つに限定されるわけではない。同じ生活条件に応える文化が複数ある場合もある。その場合には、社会によって選び取る文化が異なり、それぞれがともに正しい文化だということになる。言葉はこのような文化の一例である。ある動物を「イヌ」と呼ぶか「ドッグ」と呼ぶか、言葉を並べる順序をどうするか等々、それぞれの言葉によって固有の語彙や文法は共通の人間性から出発して、いかに多種多様な方向に文化が展開しうるかを示している。人間の文化は、つねに多様な諸文化として存続する。

加えて、文化は人間諸個人の好奇心あるいは遊び心の産物でもある。一個人の好奇心によって創造されたものは、たとえ生活の必要に応えるものでなくても、他の人々の好奇心を刺激するも

（7）今日の戦争は、国家の防衛よりもむしろ国家の解体を企てる「新しい戦争」が主になっているともいわれる（たとえば、メアリー・カルドー『新戦争論』岩波書店、二〇〇三年を参照）。この種の戦争は、個性的な文化の防衛を戦争の口実に使い、しかもそれが現に人々を動かしている。これはいっそう異常な事態である。

のであれば、模倣・改作され、世代を越えて継承されて、社会の文化となる。そして、この文化が新たな生活の必要を生み出すこともあれば、改めて生活の必要に応えるものに転換することもある。人間の好奇心あるいは遊び心も文化の多様性を生む一因である。この種の文化も、積極的に生活の必要を害しないかぎりは、存続してよい(8)。

諸文化はいかに多様であっても、それが共通の人間性の表現であるかぎり、人間性の潜在的可能性の範囲内にある。各文化の個性は、各社会集団がそれぞれの必要と興味関心に応じて人間の潜在的可能性を具体化したものである。各文化がその個性を尊重し、固有の伝統的文化を深化徹底させることは、この可能性をより豊かに実現するという点で意味がある。個性的な文化の継承発展は、人間の可能性を特定の方向により深く追求することを可能にする。それは、その方向に開かれている人間の潜在的可能性を豊かに実現することになる。

特定の方向に人間の可能性を追求した文化は個性的になる。個性的であるがゆえに他の文化の追随を許さないものになる。しかし、その個性的な文化が個性的であるだけであれば、他の文化によって理解されることはなく、したがってまた、そもそも人間の可能性を正しく実現しているのか、誤った方向に進んで人間に混乱をもたらしているだけなのかを判別することができなくなる。

(8) 近年の科学は、好奇心から出発して、積極的に人間生活を破壊するものを作り出しているのではないかと懸念される。この点については改めて検討する必要がある。

る。個性的な文化は、それぞれにその文化固有の価値基準をもつ。その基準に縛られるかぎり、自らの文化の欠点を見いだすことは困難である。異なる文化からの批判は、この困難を克服する上で有効である。

それぞれに個性的な文化は、正しく人間の潜在的可能性を実現しようとするものであるかぎり、その特定の社会に通用する固有性をもつだけでなく、他の諸文化にも通用する普遍性をもつはずである。この普遍性があればこそ、それぞれに個性的な文化が、他の諸文化においても理解され評価されるのである。源氏物語に表現された「もののあはれ」の価値が古代日本語でしか表現されないのであれば、その価値は、日本語を解しない外国人に分からないだけでなく、現代日本語しか解しない現代日本人にも分からないはずである。その場合には、そもそも源氏物語に価値があるのかないのかさえ、いまや誰にも分からないということになる。逆に、これが現代日本人に理解可能なのであれば、未来の日本人にも、さらに人類すべてに（適切な努力をするかぎり）理解可能なはずである。

5　諸文化の平和的共存と相互理解

異なる諸文化の平和的共存は可能であり、また文化を越えた相互理解・相互協力も可能である。言葉について考えてみよ。言葉は多種多様である。しかし、それら多様な言葉は平和的に共存す能になる。

ることができる。異なる言葉を使うからといって相互理解が妨げられるわけではない。これが可

能なのは、それら多様な言葉が同じことを表現することができるからである。言葉は変化し発展

するから、いまは表現できなくても、将来表現できるようになる可能性がある。何かを表現する

のに、ある言葉でなら表現することができるけれども、他の言葉では将来にわたって永久に表現

することができないというのであれば、異なる言葉を話す人々のあいだの相互理解は永久に不可能になる。

　現実には、そして厳密にみれば、言葉が異なれば、その表現する意味内容も微妙に異なってくるから、それだけ意志疎通が難しくなることはありうる。しかし、だからといって、現実の具体的な状況において必要とされる程度の相互理解が不可能になるわけではない。人々の相互理解の可能性は、使う言葉が同じ場合と異なる場合とで根本的に異なるわけではない。同じ言葉を使っている人々のあいだでも相互理解が妨げられることは珍しくない。きわめて厳密にみるならば、人それぞれに微妙に異なる言葉を使っていて、言葉をとおしての理解はその微妙な差異を越えて成り立っている。異なる言葉を使うからといって相互理解が不可能になるわけではない。少なくとも相互理解に達するための努力を無効にする絶対的な限界が言葉の違いによって生じるわけではない。

　人間が発展させてきた多様な文化のうち相互に異なってはいても直接的に対立しないものは、平和的に共存することができる。一人の個人または一つの社会が複数の異なる文化を同時に受け

入れることができる。たとえば、一人の個人が複数の言葉を話し、一つの国家が複数の公用語をもつことができる。文化の相違は、ときに文化を異にする人々のあいだの相互理解を難しくするけれども、相互理解を不可能にするわけではない。人間は、必要が生じれば、その必要に応える程度に文化の相違を越えて相互に理解することができる。それを可能にするように、文化を変化させ発展させることができる。異なる文化が相互に対立して平和的に共存することができず、文化の垣根を越えて人々の相互理解ができないのは、既存の文化を絶対化して固定してしまうからである。

しかしながら、相互に異なるだけでなく、その内容が正しいか誤りかで対立している文化は、右と同じような仕方では共存できない。かつて相互に異なる宗教がそれぞれ自らの教えを絶対化して、他の宗教を排斥したことがある。いまでもあるのかもしれない。このように相互に対立する文化については、各個人は、いずれか一つの文化を選べば、他の文化を捨てるほかない。一人の個人がこの二つの文化を同時に選ぶことはできない。しかし、社会は必ずしも一つの文化を選ばなければならないわけではない。相互に対立する文化に従う人々が同じ社会で平和的に共存することは可能である。

文化の中には自らと対立する文化との共存を認めず、対立する文化をすべて消滅させてしまおうと（たんに理論的に主張するだけでなく）行動するものがある。この行動は、比較的穏健な場合には脅迫的な説得となり、極端な場合には武力闘争となる。このような行動を肯定する文化は、それと対立する諸文化と平和的に共存することはできない。多様な諸文化が一つの社会の中で共存するためには、どの文化も他の諸文化と平和的に共存することだけは受け入れなければならない。対立する諸文化と平和的に共存することを拒否しその消滅を図る文化は、少なくともこの一点においては、自らの文化を変革しなければならない。それができる文化だけが多様な諸文化が平和的に共存する社会の中で存続することが可能である。

相互に対立する諸文化が共存する社会に生きている人々は、たとえ子どものときにその中の一つの文化だけを教えられて成長したとしても、いつかは自らが受け入れてきた文化とは対立する他の文化があることを知り、その対立する文化を受け入れている人々と（たとえやむをえない消極的な交際であっても）交際することが必要になるであろう。そのときには、その人々と偏見をもつことなく交際できることが必要である。また、そうして交際していれば、自分の文化とその対立する文化とのどちらを選ぶべきか考えさせられることもあろう。そのときには、偏見や不安をもつことなく両方の文化の相互比較ができ、その結果に従って一方を選択することができるのでなければならない。そのためには、人間各個人は自らの受け入れる文化を自由に選ぶことができるのでなければならない。

相互に対立する文化が一つの社会で平和的に共存するためには、いずれの文化も自らと対立する他の諸文化と平和的に共存することを認めなければならない。また、各個人が自由に自らの文化を選び取ることを認めなければならない。この二つの条件を満たすならば、相互に対立する諸文化が一つの社会に共存することが可能である。

この二つの条件を満たさない文化であっても、周囲の社会から隔離された自給自足の共同体を作るかぎりにおいて、そしてその共同体の存在を周囲の社会から認められるかぎりにおいて、その存続を図ることができる。ただし、その場合にも、その共同体で生まれ育った人が外の社会の存在を知るならば、その社会の文化に触れ、両者を比較評価して外の文化を選ぶことが起こりうる。このことまで禁止することは、そこに住む人々の個人的自由を侵害し、その文化の批判的検討を抑圧し、結果的にその文化のありうべき発展を不可能にする。それはけっして望ましいことではないし、また現実に維持しうることでもない。したがって、個人が自由に自分の文化を選ぶことができるという条件は、その共同体の中に住むかぎりは禁止しても、この共同体から出るのであれば許すというように緩和することが必要である。独特の宗教的信条や理想を信じる団体がこの種の共同体をつくることは、しばしばみられることである。(9)

6　文化を教える教育

各社会の文化は、その多様性の質に応じて三種に区別することができる。一つは、科学的知識

(9)　北米に散在するアーミッシュはその一例である。

のように、人類全体にとって同一であり、もう一つは、言葉のように、相互に異なっていても対立はしないもの、したがって複数の文化が個人においても社会においても両立しうるものである。残る一つは、伝統的な宗教の多くにみられたように、たんに相互に異なるだけでなく対立もするものである。各社会は、それぞれの歴史的・社会的事情に応じてこれら三種の文化を組み合わせて、自らの社会の文化としている。

比較的規模が小さく孤立している社会は、各社会がそれぞれ固有で単一の文化をもつことができるが、規模が大きく他の諸社会と緊密な相互関係をもっている社会では、何らかの程度において相互に異なり、ときには対立しさえする複数の文化をもつことを避けられない。たとえば、一つの社会の中に異なった言葉を話す複数の集団があったり、対立する宗教を信じる複数の集団があって、相互に対立しつつも、何らかの仕方で共存しているということである。

今日の国家のように、規模が大きく、しかも他の諸国家と緊密に関係し合っている社会では、これら三種の文化すべてについて単一の文化に統一する（たとえば、言語も宗教もその他いろいろな文化もすべて統一する）ことは不可能である。相互に異なり、ときには対立しさえする諸文化の平和的な共存を図る（たとえば、複数の公用語を認め、宗教信仰の自由を認める）ほかない。今日の国家はすべて、その中に多種多様な文化集団を含む多文化社会である。

多文化社会の教育は、この多文化社会を構成する人間を形成することが必要である。すなわち、多様な諸文化の平和的共存を尊重し、個人の文化選択の権利を尊重する人間を形成することが必要である。多様な諸文化の平和的共存を尊重することを学ぶためには、人々は、実際に身近に多様な文化が存在することを知り、それら文化の内容を知り、尊重するようになることが必要である。そのためにとくに重要なことは、少数派の文化を尊重することである。多数派の文化は自然に知られ、自然に尊重される。多数派の文化は少数派の文化に対して気づかないうちに偏見をもち、排斥することがある。それゆえに、多様な諸文化の平和的共存を尊重する教育は、少数派の文化を教え、それを尊重することを教えることにとくに注意する必要がある。

各個人が自分の文化を選ぶことができるようになるためには、自分が慣れ親しんでいる文化以外の多様な文化を知って、それと自分の文化とを比較検討することができるのでなければならない。そして必要があれば、自分の文化を捨てて他の文化を受け入れることができるのでなければならない。そのために文化を教える教育は、特定の文化を基準にして他の諸文化を比較評価するものであってはならない。諸文化の違いを越えた評価基準を探求するものでなければならない。また、各個人が受け入れるべき文化がすでに決まっているかのようにみなすべきではない。新しい文化を学ぶたびに、改めてそれが受け入れるに値するものか否かを考えるのでなければならない。

この意味では、文化を教える教育も、否、文化を教える教育であればこそ、理解をとおして教えることを重視しなければならない。子どもの自由な批判を尊重するのでなければならない。文化を教える教育は、ともすれば、教える者が受け入れている文化を正当化して教えることに傾く。

教えられる者が将来所属するであろう社会を予想して、その社会に一般的な文化を正当化して教えることに傾く。それゆえに、文化を教える教育は、単純に特定の文化に習熟することをめざすのではなく、自らの文化を批判的にみるとともに、他の諸文化の性急な批判に陥らないこと、そして他の諸文化と平和的に共存することを確実に教えるのでなければならない。

このような教育が可能になるためには、社会において、そしてまた教育界や学校において、諸文化についての自由な相互批判が行われていることが必要である。その自由な相互批判が各教師の教育実践にも反映されることが必要である。その相互批判の範囲は、一つの社会の中に閉じ込められてはならない。社会内での批判だけでなく、社会外からの批判を知り、その批判を合理的に評価し、取り入れるべきは取り入れ、捨てるべきは捨てることができるのでなければならない。いわゆる教育の中立性は、各社会（たとえば各国家）の中だけでなく、より大きな社会、できれば世界全体、そうでなくても相互関係の緊密な諸国家を含めた地域社会の範囲で考えられるべきである。文化を教える教育は、この広い立場に立ってはじめて、特定の文化を教えることをとおして、その文化を越えて人間として相互に理解し、相互に協力し合うことのできる人間を形成することができる。(10)

（10）　教育の中立性については、第八章でさらに詳しく検討する。

第四章　教育の諸相

1　問題

教育とは、教える者と教えられる者が同じことを同じように知ることによって、対等な関係を確立する営みである。この営みが成り立つのは、教える者と教えられる者がともに、同じことを同じように理解する能力をもっているからである。そうであればこそ、教育の始まる時点では、一方が知り、他方が知らない状態であったのに、教育が終わる時点では、双方が同じことを同じように知る状態になることができるのである。もしも、教えられる者に教える者と同じように理解する能力がないとすれば、教育は成り立たない。教える者は、教えられる者を教えられたとおりに行動するよう条件づけることができるだけである。それでは、動物の調教と異ならない。

以上が、これまでの議論で示した本来の教育についての基本的な考え方である。しかし、現実には、この条件を満たすものだけを教育として認め、この条件を満たさないものはすべて教育の場から排除することはできない。本章では、右の意味での教育から外れるけれども、広い意味での教育として、あるいはその前提として位置づけられるものについて考えることにする。

2　教え込み

まず問題になるのは、現実の教育においては、教えられる者は教えられた知識(1)を理解して受け入れるわけではなく、理解もせずに教えられたとおりに信じ込んでしまうことが多いということである。子どもは、しばしば、教えられた知識が理解不可能なものであっても、また日常的な経験に反するものであっても、何ほどか断片的な証拠がありさえすれば信じ込んでしまう。そして、その信じ込んだ知識を前提にして日常生活を解釈する。そのように解釈された日常生活の諸経験が、ひるがえって先に信じ込んだ知識を確証する。子どもが受け入れる知識の大半は、このような知識である。

(1)　ここでは、他によい言葉がないので、教育によって教えられ学ばれるものを「知識」という語で代表させることとする。したがって、たとえば、「盗みをしてはならない」という道徳も一種の知識であり、お茶の作法も教えられ学ばれるかぎりで一種の知識である。なお、以下ではもっぱら学校教育について考えるので、教える者を教師、教えられる者を子どもと置き換えて記述することとする。

たとえば、「地球は丸い」という知識を考えてみよ。今日、たいていの子どもはこの知識を知っているであろう。しかし、この知識を理解して知っているわけではない。たぶん、誰かからそう教えられてそのとおりに信じ込んだのであろう。この知識は、子どもの日常生活の素朴な経験に反している。しかし、「地球は非常に大きいから、人間の目では平らに見える」と考えて納得しているのかもしれない。あるいは、「水平線の向こうから汽船が近づいてくるのを見れば、汽船がだんだんせり上がってくるのが見えるから、地球が丸いことが分かる」と説明されて（実際に自分自身で観察して）納得したのかもしれない。しかし、そのような説明を疑おうと思えば、いくらでも疑うことができるはずである。それを疑わないのは、教えられたことをそのまま受け入れる傾向が子どもにあるからである。

人間がそれぞれ自分自身で理解したことだけを受け入れるのでは、各個人が知りうることはきわめて少ないままにとどまる。他の人々の知っている知識を教えられて信じ込むことによって、はじめて人間は多くの知識を知ることができる。これは必ずしも悪いことではない。教えられた知識が正しいのであれば、理解できなくてもそれを信じて従う方がよい。また、はじめは理解できないままに受け入れた知識であっても、その知識に慣れ親しむことによって、あるいはその知識を前提にして他の知識を理解することによって、理解できるようになることがある。人間の知識理解の能力は経験と学習によって向上する。まずは信じて受け入れ、その後、経験を積むことによってその信じたことを改めて理解するということがしばしば起こる。それゆえに、正しい知識を理解を求めることなく信じ込ませるという教え方、あるいは理解する前にまず慣れさせるという教え方を教育から排除することはできない。

教育は、多くの場合、教師の権威を利用して、あるいは子どもの信頼に依拠して行われる。教師は権威をもって教え、子どもは信頼して信じる。教育が効果を上げるのは、教師と子どものあいだにこの関係があるからである。この関係のゆえに、知識を教え込む教育では、教師と子どもとのあいだに対等な関係が成り立っていないと考えられるかもしれない。しかし、必ずしもそうではない。その知識が教師と子どもとの双方で同じように受け入れられるのであれば、つまり両者がともに同じ知識を受け入れ、同じ知識に従って生きるのであれば、教師と子どものあいだに支配・服従の関係は生じない。両者はともに同じ知識に従う対等な関係にある。それゆえに、正しい知識を理解することなく教え込む方式の教育も、教育の一つの方法として位置づけることができる。

本来の教育は、正しい知識を理解をとおして教えることをめざす。しかし、現実には理解をとおして教えることができない、あるいは難しい場合が少なくない。その場合には、まず正しい知識を理解を求めずに教え込むことも必要である。そうすることによって、後に子どもがはじめに理解なしに受け入れた知識が正しい知識であることをおのずから理解するようになることを期待することができる。このかぎりにおいて、理解をとおさずに教え込む方式の教育も教育として位置づけるべきである。

しかし、このことからさらに進んで、教師は教師としての権威をもたなければならない、そのために子どもから信頼されなければならない、という教師への忠告を導き出すならば、それは行き過ぎだといわなければならない。権威にしても信頼にしても、教師がこれを意図的に追い求めて獲得しうるものではない。教師が知識を教えるとき、それを分かりやすく説明して子どもの理解を得られるならば、あるいは教師が知識を教え込むとき、子どもがそれを受け入れてけっして後悔することがないならば、要するに、教育の多種多様な場面で教師がつねに信頼される言動を取っていれば、結果として子どもは教師を人間として信頼するようになるのである。信頼は、常日頃の信頼できる言動の結果として得られるものであって、それ自体を追い求めて得られるものではない。教師という地位に権威が伴うわけではない。人間は相互に対等である。教師と子どものあいだであっても同様である。教師が常日頃から子どもに信頼される言動を繰り返すことによって、結果的に、子どもから権威者であるかのように遇されるだけである。(2)

(2) 我が国の初代文部大臣森有礼（在任一八八五―一八八九年）は、教員は「従順・友情・威儀」の気質を備えることが必要だと考えて、これを師範学校で育てようとした（一八八六年に制定された師範学校令では「順良信愛威重」となっている）。教育の捉え方が根本的に誤っていたといわねばならない。

3　自由な批判

右に述べたように、教育は、権威と信頼の関係の中で行われることが多い。この教育関係が成り立っているところでは、子どもは、教師が教えることを無批判に受け入れるという傾向がある。教師は、子どもから批判されたり、反対されたりすることは比較的少ない。子どもは、まだその教えられる内容についての批判力をもっていないからである。それゆえに教師は、教育の場面では、一般社会における大人同士の話し合いのとき以上に、独断的になりやすい。この弱点を補うためには、教えられる内容について、社会一般において自由な批判が許されていることが必要である。

社会において、また教育の場においても、自由な批判が許されている状況で正しい知識として受け入れられている知識と、自由な批判が許されていない状況で正しい知識として受け入れられている知識とは明確に区別されなければならない。正しい知識は、批判に耐えているかぎりにおいて存続する。批判に耐ええない知識は捨て去られる。政治的権力者であれ文化的権威者であれ、あるいは多数世論であれ、何ものも人為的に正しい知識を確定することはできない。正しい知識は、その知識に関心をもつすべての人々が自発的に正しい知識として一致して受け入れるかぎりにおいて確定する。しかし、人々の自発的な一致が生まれない場合には、複数の知識が競合する状態になる。

　正しい知識が確定している場合には、教育においてこの知識を教えればよい。複数の知識が競合している状態では、教師によって異なる知識が正しい知識として受け入れられる可能性がある。そうなれば、教師のあいだで正しい知識をめぐって論争が起こるであろう。子どもの中から、教師に疑問を呈する者も出てくるであろう。そうすれば、教師はその疑問に答えることを求められる。この種の相互批判は、学校を越えて、保護者や地域社会に及び、教育委員会や文部科学省など公教育の管理者にも及ぶであろう。本来の教育は、自由な相互批判が許されている状況で、正しい知識として確定した知識を教えるのでなければならない。教えるべき知識が確定しない場合はどうするか。教師が自らに正直であるかぎり、自らが正しいと信じる知識を教えるほかないのではなかろうか。

　とはいっても、教えられる子どもがまちがっている可能性のある知識を単純に正しい知識として教えることは望ましくない。それに反対する知識があるのであれば、その知識も教えるべきである。したがって、教師は、正しい知識をめぐって対立がある場合には、その対立している諸知識をできるだけ公平に教えることが必要である(3)。その上で、子どもたちが自分自身でそれらの諸知識を比較評価して正しい知識を選び取ることができるように教えるのでなければならない。そのように公平を期して教えても、結果として教師が正しいと信じる知識に多少とも有利な教え方になることは避けられないであろう。そのような形で、教師各自の立場が教育に反映することは避けられないことであり、許容されなければならない(4)。

自由な批判を許されない状況で正しい知識とされるものは、たとえ当の知識を受け入れた個人または集団がいかに主観的に正しい知識だと確信しているとしても、それが政治的権力または文化的権威によって統制された結果でないという保証はない。否むしろ、自由な批判を許さないということ自体が、自由な批判を許せばその確信が揺らぐことを認めていることを示していると考える方が自然である。

思想統制のあるところでは、統制する者は支配し、統制される者は支配される。両者のあいだに対等な関係は成り立たない。教師が統制する者に従って教育するならば、彼は、自分自身も支配されながら、教育の場においては、統制する側に立って子どもたちを支配していることになる。この場合、教師は、雇い主の命令どおりに動物を調教している調教師の役割を担うことになる。これは、教育ではなく調教であるというほかない。

（3）　正しい知識をめぐって対立があるときに、必ずしもそれらの知識を教える必要があるわけではない。問題の重要性や子どもの興味関心を考慮して、教える必要があるときに限って教えるべきことは、当然である。

（4）　このための教師の自由と公教育の統制との関係は重要な論点である。この点は第七章で論じる。

4　心理操作

教育とくに学校教育は、基本的に、理解をとおして子どもに何ごとかを教える営みである。子どもが理解するためには、理解する能力をもっているだけでなく、理解しようとする気持ちをもっていなければならない。話を聞こうとしない子どもに話しても無駄である。現実には、興味関心がないから、あるいは教師に反発して、話を聞こうとしない子どもが存在する。このような子どもに対して教育はいかに行われうるか。

子どもが理解しようとする気持ちをもたない場合には、まずその気持ちを変えなければならない。興奮している子どもは、理詰めで説得しても、かえって興奮するばかりである。ことの良し悪しを教えるには、まずは落ち着かせて、話を聞く状態を作らなければならない。そのために、子どもの感情を発散させるための行動を許したり、無理な言い分を肯定したりすることが必要なこともあろう。いずれにしても、まず、子どもが心理的に満足し、冷静に人の話を聞く状態を作ることが必要である。この場合、教師は、子どもの心理的なメカニズムをうまく利用して、子どもを動かしている。子どもは、教師によって動かされているにもかかわらず、自分では自発的に動いているつもりになっている。したがって、これは一種の心理操作だといわなければならない。

話を聞こうとしない子どもを動かす方法としては、心理的なメカニズムを利用するだけでなく、生理的なメカニズムを利用することも可能である。たとえば、興奮している子どもに鎮静剤を投与することがこれに当たる。これは、即時的・一時的に生理的メカニズムを変えるのであるが、食事や生活習慣によってある程度恒久的に生理的メカニズムを変えることも考えられる。今日、食生活の変化によって子どもの生理的メカニズムが変化し、そのためにいわゆる「きれる子ども」が増えたなどといわれることがある。食事や生活習慣の変化が子どもの生理的メカニズムを変え、それがまた心理的メカニズムを変えるということがあるのかもしれない。

たしかに教育において、このような心理的・生理的なメカニズムを利用することが必要なことがあろう。しかし、それは教育本来の方法というよりも、本来の教育のための条件づくりとみなす方がよいのではあるまいか。以下、心理的なメカニズムの利用（以下、心理操作と呼ぶ）に焦点を絞って、この点を確認しておこう。

最近、教師は子どもを全面的に受容せよといわれることが多い。子どもの意見は、どんな意見であっても、けっして批判したり拒否したりせずに肯定的に受け入れるべきだ、そうすれば、子どもは自発的に学習を始めるというわけである。子どもの自発性を促す方法として、この種の受容には意味がある。しかし、これを教育の基本的な方法として位置づけることには問題がある。

たしかに非常に気の弱い子どもがかろうじて自分の意見を人前で発表できた場合には、どんな意見であっても、発表したこと自体を評価して、肯定的に受け入れることが必要であろう。批判されれば、二度と再び人前で発表できなくなるかもしれないからである。この場合、評価しているのは、意見の内容ではなく、意見を発表したこと自体である。しかし、教師は、あからさまにそう言うわけにはいかない。あたかもその意見の内容を評価しているかのように見せかけなければならない。そうすればこそ、子どもは自分の意見にもなにがしかの意味があると思って、自信をもつのである。

教育の場において、この種の受容的な対応が必要であることは否定できない。しかし、このような対応がつねに成功するわけではないことに注意しなければならない。気の弱い子どもが明らかにまちがった意見を述べたにもかかわらず、教師から誉められたとしよう。それで、その子どもが自信をもって積極的に意見を述べるようになることもあろう。しかし、必ずしもそうなるとは限らない。もしも子ども自身が、何らかの事情で自分の意見が誤りであったことを知ったとしたら、そして教師もそれを知っていて自分を力づけるために誉めてくれたのだと知ったとしたら、どうであろうか。子どもは、その教師を親切な先生だと思って感謝することもあろう。しかし、そんなにまでして保護してもらっている自分をいっそうみじめに感じることもありうる。あるいはまた、まちがった意見だったにもかかわらず誉めるとは自分をばかにしていると考えて、かえって反発することもあるのではなかろうか。どんな結果が生じるかは一概には決められない。教育の実践は、きわめて微妙な人間関係の中で行われる。わずかな条件の違いによって、教師の同じ行動が子どもによく評価されたり悪く評価されたりする。

わがままな子どもが自分勝手な意見を主張して譲らない場合も同様である。この場合、まずはそのわがままを許して気持ちを落ち着かせることが有効なこともあろう。しかし、それも時と場合による。子どもは、自分の意見が取り上げられたことに気をよくして、教師の話を聞くようになるかもしれない。しかし、わざとばかからしい意見を言ったのに、教師がそのばからしい意見を誉めるのは自分をばかにしているからだと感じて、いっそうかんしゃくを起こすかもしれない。あるいは、何を言ってもまともに取り上げてくれないとあきらめて絶望するかもしれない。どうなるかは微妙な条件に左右される。

心理操作は、それが行われていることを子どもに知られない場合には、つまり、子どもの方に心理操作が行われていることを知るだけの心理的ゆとりがないところでは有効に働きうる。しかし、子どもにそれを知るだけの心理的ゆとりがあり、洞察力があるところでは有効には働かない。対等な人間のあいだのまともな関係では、ばからしいことを言えば、たしなめられたり叱られたりするのが自然である。ばかなことを言っても、たしなめられも叱られもしないということは、そのまともな人間関係が壊れていることを意味する。多少とも敏感な子どもなら、この事実に気づいて、かえって教師に反発するであろう。

心理操作を教育本来の方法として位置づけることはできない。気の弱い子どもがまちがった意見を述べ、教師がそれを誉めたとき、子どもは、その意見が正しかったと誤解するかもしれない。それでは、子どもはまだ何も学んでいない。幸いに子どもが自信を回復するならば、その時点で先の意見はまちがった意見だったことを教えなければならない。あるいは、自ら悟るよう仕向けなければならない。わがままな子どもの自分勝手な意見についても同じである。教師がそれを受容するかぎりでは、子どもはまだ何も学んではいない。後に落ち着いた時点で、それが自分勝手なまちがった意見だと悟ることが必要である。心理操作は、教育を成り立たせるための条件づくりではあっても、それ自体が教育なのではない。

子どもが自信を回復し、あるいは冷静な気持ちを取り戻して、教師のいうことをまともに聞ける状態になってはじめて、積極的に教える教育が始まる。そうなれば、教師は、子どもの言い分を批判したり、否定したりしなければならないこともある。もしも子どもが本当に自信をもち、冷静な気持ちをもっているのであれば、教師の言い分をその内容に即して賛成したり反対したり、あるいは分からなければ疑問を呈したりするはずである。本来の教育は、このような対等な人間関係の中で起こる。

受容の教育論は、しばしば、子どもが自信を回復したら自ら答えを見いだすから、何であれ積極的に教える必要はないと考える。たしかにそのような場合もあろう。その場合には、受容がまさに答えを見いだすきっかけを与えたのだから、本来の教育だということができる。理解をとおして教える教育も、教師のなしうることは、ただ子どもが理解しやすいように話して聞かせる、あるいは何かを経験させるだけであって、理解するのは子ども自身である。教育は、本質的に、子どもが自ら気づくことによって成り立つ。心理操作も、気づきを引き起こすきっかけになることはある。その場合に限って、心理操作も教育のうちに含めることができる。

5　強制としつけ

話を聞かない子どもを動かすためのより直接的な方法は、強制することである。もっとも典型的には、物理的力によって、もう少し巧妙には心理的力（威嚇）によって、相手を思うとおりに動かすことである。子どもが何を言っても聞く耳をもたないとき、そして子どもの意志のままにさせておくことができないときには、強制することも必要である。

強制は、体罰と混同されてはならない。体罰は処罰の一種であり、処罰は規則に従って科されるものである。したがって予め決められた規則に従ってなされる強制力の行使だけを体罰と呼ぶべきである。教育の方法の一つとして処罰をするということは、教育の方法として賞罰を用いるということであり、それが子どもの気づきを促すものであれば許されるであろう。しかし一般的には、処罰は、教育の方法ではなく、明確に学校管理の方法として、つまり学校という共同生活の場の秩序維持の方法として考えられるべきである。

弱い者いじめをしようとしている腕白小僧の手を取ってそうさせないのは物理的強制であり、そんなことをしたら殴るぞと脅してそうさせないのは心理的強制である。この強制をしようとして殴ってしまったとしても、それは体罰ではなく、強制の一手段だといわなければならない。あるいは、強制の行き過ぎ、または強制の手法の過ちになる場合もあろう。このような強制を一般的に教育の場から排除することはできない。殴ってしまったら問答無用、絶対に悪いというのでは、本気になって悪い行動を引き止めることができなくなるであろう。さらに、強制を意図しない説得であっても、それが真剣であればあるほど暴力に至る可能性が大きいことも忘れてはならない。真剣であるから暴力を振るい、無関心であるから暴力を振るうまでには至らないこともある。権威主義だから（その権威を否定されて）暴力的になることもあれば、対等主義だから（相手を受容することができずに）暴力的になることもある。人間関係が暴力に陥る条件は、単純ではない。いずれにしても、起こってしまった暴力行為は、暴力行為としてその是非を問われるべきであって、一概に体罰として責められるべきではない。

　強制を教育の場から排除することはできない。しかし、これを安易に教育の一種として位置づけることはできない。子どもが強制されて悪いことをしないとしても、それが強制によるかぎり、強制がなくなればただちに悪いことを始める可能性がある。そうだとすれば、子ども自身は、強制によって何も変わっていない。強制がこのようなものであるかぎり、それは教育を行うための条件づくりではあっても、それ自体を教育ということはできない。ただし、心理操作の場合と同じように、強制も一種の教育になりうる場合がある。強制によって、子どもは自分の悪いことに気づくことがあるからである。強制がそのように働くときは、教育の一種として位置づけることができる。

　以上は、もっぱら悪いことをしないように強制する場合を考えた。逆に、よいことをするように強制する（条件づける）場合も考えられる。いわゆるしつけがそうである。しつけは、一定の行動パターンを反復経験させることによって、行動や意識の習慣化を図ることである。子どもは、トイレの使用法、食事のマナー、挨拶の仕方など、どのような状況でどのように行動すればよいかを教えられ、それを繰り返し反復することによって習慣化していく。子どもは、当初は、意識的に教えられたとおりに行動するよう注意しなければならない。注意を怠れば、正しい行動ができない。しかし、十分に反復してその行動が定着してしまえば、正しく行動するように注意する必要がなくなる。半ば無意識的に正しい行動ができるようになる。反復は、このように正しい行動が定着して無意識化するために必要とされる。しつけは、知らないことを知る状態に変えるという意味での教育ではなく、すでに知っていることを習慣化するという意味での訓練である。

しつけは、基本的には、監視可能な行動に限られる。しつけが成功する以前には、子どもはどのように行動すればよいか分かっていない。それゆえに、悪意なく誤った行動をする。誤った行動を繰り返せば、うまくしつけられない。しつけが成功するためには、しつけられるべき行動パターンが十分に定着するまでは、親が子どもを監視し、行動を正すことができるのでなければならない。それゆえに、しつけは、監視できる程度に限定された行動についてのみ効果を上げる。

ある意識が多種多様な場面で多種多様な仕方で行動として表現される場合、それゆえにその行動を監視することができない場合には、その意識をしつけによって形成することは不可能である。道徳をしつけによって教えることが困難なのはこのためである。道徳的に善い行動、悪い行動は、様々な場面で様々な現れ方をする。親や教師はこれをすべて監視しているわけにはいかない。何か特定の行動パターンを習慣づければ、一般的に道徳的な意識が生まれてくるというわけでもない。ここにしつけの限界がある。

しつけは、基本的には、行動の習慣化に適している。しかし、行動の習慣化が意識の習慣化を形成するかぎりで、意識パターンの形成にも用いられる。たとえば、つねに正しく敬語を使えるように子どもをしつけるとしよう。子どもが目上の人に話しかける機会は限定されているから、そのつど注意すれば、敬語を正しく使うようにしつけることができるであろう。その結果、子どもは、たんに敬語を正しく使うだけでなく、より一般的に目上の人に対する謙譲の態度、謙譲の気持ちを身につけることにもなるかもしれない。この場合、典型的な場面における謙譲の行動をしつけることが、たんに一定の行動パターンだけでなく一般的な謙譲の気持ちをしつけることになる。ある意識を形成するために典型的な行動があり、その典型的行動が監視可能な場合には、行動のしつけをとおして意識のしつけが可能になる。いわゆる「形より入る教育」がこれに当たる。これは、教育の一種として位置づけられるであろう。

伝統芸能などの習い事において、この方法がしばしば使われている。長い訓練を経てはじめて理解できるようになる芸能の技は、実際に訓練を経た上級者には分かるが、初心者には分からない。たとえば、お茶やお花などの習い事を考えてみよ。よいお茶の作法と悪い作法の区別、よいお花の生け方と悪い生け方の区別は、上級者には一目瞭然だが、初心者には分からない。話して分かるものでもない。初心者は、まずは分からなくても師匠のいうままに振る舞い、師匠のいうとおりに考えるよう努めなければならない。その努力がある程度功を奏してくれば、はじめてそれまで見えなかったことが見えるようになり、教えられたことが理解できるようになる。

お茶やお花についても多数の流派があって、流派によって何をもってよい作法、よい生け方とするかは異なることがある。その点で違いがあるにしても、お茶の作法やお花の生け方の微妙な違い、他の流派のものであっても初心者には分からない違いが、上級者には明瞭に分かるのが普通である。この場合には、上級者のみがなしうる区別は、確かに客観的な根拠のある区別だということができる。このように、初心者には見分けられず、上級者になってはじめて見分けられるような知識(5)は、子どもがはじめからその知識を理解して受け入れることは不可能である。子どもは、教師を信頼してまずは教えられるとおりに受け入れるほかない。この種の方法は、教育の一つの方法として認められる。

(5)　先に述べたように、本章では、記述を単純化するために、この種の能力をも何らかの仕方で教えられるかぎりは「知識」という語で呼んでいる。

6　教育の諸相

広い意味の教育には、心理的・生理的なメカニズムの利用や強制・しつけを含めなければならない。しかし、これらは、言葉の厳密な意味での教育、すなわち子どもの理解をとおして何ごとかを教える教育とは、本質的に異なるものである。心理的・生理的なメカニズムの利用や強制・しつけにおいては、行動を変える当人は受け身である。自発的に行動を変えるわけではない。これらの教育においては、教師と子どもとのあいだに対等な人間関係が成り立っていない。この教育の過程で、子どもは、教師の意図に従って行動させられており、さらにときには考えさせられてさえいる。この教育が成功した時点では、子どもは、教師の意図どおりに考え行動するようになっている。ここには、対等な人間関係は存在しない。

人間は、自律的であることを望む。他人に支配されず、自らが自らの意識と行動の主人でありたいと欲する。強制は、この基本的欲求に反する。それゆえに、強制される者は、可能ならば反抗しようとする。子どもは、自らが心理操作されていることに気づかないかぎりは、進んでそれに従う。しかし、心理操作されていることに気づいて、なおかつ以前と同じように考え、行動することはできない。それは、ときに強制以上に大きな嫌悪感を生むであろう。しつけにおいては、子どもは、習慣化させられる時点においては受け身であり、やはり自律的に行動しているわけではない。しかし、その習慣を維持し続ける時点においては自律的でありうる。少なくとも、自らが従っている習慣に気づけば、その習慣を意識的に取捨選択することができる。その上で、慣れ親しんだ習慣に自覚的に従うときには、自律的だということができる。この習慣を意識的に取捨選択するときの判断規準は、理解による教育によって与えられなければならない。

それゆえに、言葉の本来の意味での教育は、理解をとおして教える営みだといわなければならない。理解をとおして受け入れられるものを総称して知識と呼ぶならば、言葉の本来の意味での教育は知識を教える営みだということができる。知識を教える教育は、教師と子どもとが同じことを同じように理解するという意味で原理的に対等であることを前提にし、それが成功した時点で、教師と子どもとは同じ知識に従うという意味で現実に対等な存在となることを目的とする。本来の意味での教育は、基本的に、対等な人間関係の中で成立する。

実際の教育において、知識は必ずしも理解をとおして受け入れられるわけではない。しばしば、教えられたとおりに信じ込まれる。現実の教育は、しばしば、知識を理解をとおさずに教え込む営みになっている。知識を理解して受け入れることと理解せずに信じ込んでしまうこととは、概念的には区別されるが、現実には区別できないことが多い。しかし、理解せずに信じ込んだ知識であっても、理解して受け入れた知識と同じように、人を動かす。人は、自らの知識に従って生きることを欲する。知識を教え込む教育も、その知識が実際に正しい知識であるならば、それゆえに教師自身がそれを正しい知識として受け入れており、その知識に従って自分自身を律しているのであれば、この教育が成功した時点で、教師と子どもとは同じ知識に従う対等な存在となる。そのかぎりで、これを教育の一種として認めることができる。

だからといって、教える者が主観的に正しいと思い込んでいる知識や社会で一般的に正しいとされている知識であれば、どんな知識でも教えてよいというわけではない。実際に正しい知識は絶対的に確定されるわけではない。人々の相互批判をとおして確定され、あるいは訂正されるものである。それゆえに、教育においては、自由な批判が許されているところで実質的に正しいとされている知識が教えられなければならない。自由な批判が許されていないところで正しいとされている知識を教えることは、思想統制をすることであり、統制する者と統制される者の関係を作り出すことであるから、教育の方法として認めることはできない。教育は、自由な批判が許されているところで、現に正しい知識として存続している知識を教えるものでなければならない。

第五章　道徳教育

1　問題

教育は、原理的には子どもが自分自身で知りうることを実際に確かに知る（気づく）ように手助けする営みなのか、それとも原理的には自分では知りえないことを教えて覚え込ませる営みなのか。実際の教育では、両方の営みが組み合わされて行われることが多い。しかし、本来の意味での教育は前者であり、後者はそれを補完する位置を占める。これが前章までに示した教育の考え方である。はたして道徳教育にもこの考え方が通用するのか。この考え方に立って道徳を教えることができるか。またそうすることが望ましいか。本章では、この問いに答えることをめざす。

2　道徳の捉え方

道徳を知る能力

道徳はどのようにして教えられるか。たとえば、「盗みをしてはいけない」ということを知らない子どもがいるとせよ。この子どもにどのようにしてこの道徳を教えるか。ときに、「賞罰によって」という答えが与えられることがある。盗みをしなかった場合は賞を与え、盗みをした場合には罰を科す。これを繰り返すならば、子どもは盗みをしないように習慣づけられる。このように考えられるからであろう。

仮にこのようにして子どもが盗みをしなくなったとしても、それだけでは道徳を教えたことにはならない。子どもがただ習慣づけられたとおりに行動するのであれば、よく調教された犬と同じである。子どもは、盗みは悪いことだと意識し、この意識に従って行動するようになるのでなければならない。そのためには、子どもは、賞されたことを善いこととして、罰せられたことを悪いこととして意識するのでなければならない。どうしてそんなことができるのか。この点を確かめるために、賞罰によって道徳を教えられるとき、子どもの心にどんなことが起こっているかを考えてみよう。

子どもが何か盗みをして罰せられた場合を考えてみよ。たとえば、第二章であげた、ある子どもが妹のお菓子を取って、母親に手を叩かれて罰せられたという例をもう一度考えてみよう。このような賞罰によって子どもが道徳を学ぶためには、子どもの心にどんなことが起こらなければならないか。子どもが妹のお菓子を取って手を叩かれるという出来事から、「盗みをしてはいけない」という道徳を学ぶためには、母親から手を叩かれたことを不快に感じること、その不快を罰せられたと意識すること、その罰せられたことを自分が悪いことをしたからだと解すること、少なくともこの三つの心の働きがなければならない。

この三つの心の働きは、外から教えられて作られるものではない。子どもに生得的に備わっているものである。そうであればこそ、子どもはある刺激を受ければ、その刺激にふさわしい仕方で快不快を感じ、その快不快を賞罰を与えられたものと意識し、その刺激のもとになった自分の行動を善いことあるいは悪いこととして解することができるのである。子どもには善悪を意識する能力が備わっている。だから賞罰によって善悪を教えることができる。たぶん、犬にも快不快を感じ、それを賞罰として意識する能力は備わっているのであろう。だから、犬を賞罰に従うように習慣づけることができる。しかし犬は、いかにうまくしつけても、善悪を知るようにはならない。犬には善悪を意識する能力が備わっていないからである(1)。

この三つの心の働き方は、母親と子どもとで基本的に同じである。もしも両者のあいだで心の働き方が違っていれば、母親は罰するつもりで何かをしても、子どもはそれに快を感じて、善いことだと思ってしまうというようなことが起こりうる。人間の心の働きは、人間に共通に備わっていて、誰にとっても基本的に同じように働く。そうであればこそ、母親が教えようとしたことを子どもがそのとおりに学ぶということが起こるのである。

子どもが道徳を学ぶためには、たんに快不快の刺激から善悪の区別を知るだけでは不十分である。先の子どもが、妹のお菓子を食べて罰せられて「盗みをしてはいけない」という道徳を知るためには、さらに多くのことを知らなければならない。たとえば、お菓子だけでなくすべてのものについて自分のものと他人のものを区別することができなければならない。妹だけでなく自分以外のすべての人を自分と区別して他人とみなすことができなければならない。その上で、自分のものと他人のものを区別して、自分のものは自由に処理してよいが他人のものはそうしてはならないことを知らなければならない。これらのことを知るためには、子どもは、お菓子だけでなく他のいろいろなものを、妹だけでなく他のいろいろな人から、盗むという範疇に入る他のいろいろな行動をして、罰せられるということを経験しなければならない。

子どもは、これらのことを知るためには、どれほどの経験を必要とするのか。いずれにしても、

（1）犬は快苦を区別して、快を好み苦を嫌う傾向があることは確かである。しかし、それを賞罰として意識しているという点については反論もあろう。犬は、賞罰を知らず、ただ快を感じることをし、不快を感じることをしないように習慣づけられているだけだとも考えられる。しかし、これは犬の心を単純化しすぎているのではあるまいか。逆に犬も善悪を意識する能力を備えているという反論もありうる。この場合には犬もまた、人間が道徳を学ぶのと同じ仕方で道徳を学ぶものと考えられる。

「盗みをしてはいけない」という道徳が含んでいるすべての出来事を包含するほどに多種多様な経験をすることは不可能である。子どもは、それぞれに特殊な少数の出来事の経験から、その出来事をはるかに越えて（ある面からみれば類似しているが、他の面からみれば異なる）多くの出来事に一様に適用される道徳を知るのでなければならない。それぞれに個別具体的な経験からかなり広い範囲の経験に適用できる一般的な道徳を知るからこそ、子どもは日常生活で直面するほとんどすべての状況において道徳判断することができるようになるのである。そうでなければ、子どもは毎日のように新しい出来事に直面して、いつも道徳判断に迷うであろう。

子どもが自分自身で直接的に経験する出来事はごく限られている。しかし、その直接的な経験から子どもは、その経験の特殊性を越えたはるかに大きな範囲の出来事（その中には自分自身ではけっして直接的には経験しない出来事もある）に対して一般的に通用する道徳を知る。これは子ども自身がなすことである。親や教師がなしうることは、個別具体的な出来事において子どもに道徳に気づくように刺激を与えることであり、子ども自身がその出来事を越えて幅広く適用される一般的な道徳を知るように手助けすることである。これが道徳を教えるときに実際に起こっていることである。

普遍的な道徳

自然法則のように人間にとって所与のもの、人間の外部にあるものについては、誰でも適当な経験をしさえすれば、自分自身でそれに気づくことができる。だから科学教育は、子どもが自分自身で気づくように手助けすることで足りる。しかし、道徳は、自然法則とは違って、人間にとって所与ではなく、人間自身が決めるものである。それゆえに、道徳は子どもが自分自身でよく考えれば知ることができるというものではない。道徳を知らない子どもは、それを知っている大人から教えてもらわなければならない。したがって、道徳教育は、各社会で通用している道徳を子どもに確実に教え込むほかない。道徳教育については、しばしば、このように考えられる。

この考え方に従えば、いま我々が「盗みをしてはいけない」という道徳に従っているのは、幼いときにそう教え込まれたからだということになる。そうであればまた、幼いときに「盗みは見つからないようにせよ」という道徳を教え込まれれば、これが道徳になるということにもなる。それほど極端ではなくても、多くの社会で、かつて人間は身分相応の生き方をするのが道徳的に正しいことだとされていたが、今日では人間は誰も平等であり、身分相応の生き方をさせるのは差別であり、不道徳であるとされている。道徳は時代や社会によって変化してきた。この事実を考慮すれば、道徳は人間が決めるものだという考え方が正しいようにみえる。

しかし、そう考えてしまうのは早計である。道徳が人間の決めるものだとすれば、恣意的なものになってしまうからである。道徳は、人間の行動や思想の善悪を判別する規準である。そしばしば自分勝手に道徳を決め、これを弱者に強制する。弱者はやむをえずこれに服従する。強者はその結果、強者の決めた道徳がその社会の道徳となり、人々の行動や思想の善悪を判別する規準となる。そうなってしまえば、その道徳がどんな道徳であっても、それを悪い道徳だということができなくなる。既存の道徳が善悪の判断の規準となるのであれば、既存の道徳に反対することはそれ自体悪いことになる。それにもかかわらず既存の道徳に反対する人々は、その勢力が弱いうちは感情的・主観的に反発しているものとして無視され、ある程度勢力が強くなれば社会を混乱に陥れるものとして断罪されるであろう。したがって、道徳はそもそも人間の決めるものだとするならば、既存の道徳を批判検討することができなくなる。

人間が決める道徳が道徳的な善悪を判断する最終的な根拠とされる社会では、既存の道徳に対する批判を抑圧することが社会の秩序を維持するために必要不可欠となり、道徳的に善いことになる。その場合には、道徳教育は既存の道徳を確実に子どもたちに教え込む役割を担わされることになるであろう。このような社会は、強い権力的統制によってしか安定させることはできない。しかし、権力的統制によって人間社会に真の安定をもたらすことは不可能である。

人間社会が真に安定するのは、その社会を構成する人々が自発的にその社会の道徳に従う場合に限られる。そのためには、既存の道徳に対する自由な批判が許され、その批判が妥当であれば、その批判に応じて道徳を作り変えることができるのでなければならない。その場合には、道徳教育もまた、既存の道徳を子どもに押しつけるのではなく、子どもが自分自身で納得するかぎりで受け入れるという仕方で、つまり子どもが自分で受け入れるべき道徳に気づくという仕方で教えることができるであろう。否、そうなることを求められるであろう。このような自由な社会が成り立つためには、人間の作る道徳をもって道徳的な善悪を判断する最終的な規準とすることはできない。

既存の道徳を批判し、あるべき正しい道徳について議論することができるためには、人間が決めた道徳とは別に、人間が決めることのできない（つまり、人間にとって所与の）、しかし人間なら誰もが受け入れるはずの真に正しい（つまり普遍的な）道徳があるのでなければならない。それがあれば、既存の道徳の是非をめぐる相互批判が、人々の主観的・感情的な対立にとどまらず、その真の道徳に合致するか否かをめぐる理性的な議論(2)になる可能性が生まれる。人間が決めた道徳を道徳判断の最終的な根拠とすることなく、自由に批判検討することができるためには、人間にとって所与にして普遍的な道徳があるのでなければならない。

現実に、人間にとって所与にして普遍的な道徳があると想定することは、けっして無理なことではない。この世の中に存在するすべてのものにはそれぞれに固有の存在様式がある。人間だけが例外だとは考えられない。人間には人間に固有の存在様式があるはずである。その存在様式に従って生きることが人間の人間らしい生き方であり、普遍的な道徳である(3)。

（2）今日、「理性的」という言葉は忌避される傾向がある。しかし、暴力の代わりに使われる脅迫的な議論、利益誘導的あるいは心理誘導的な議論、ものごとの道理を無視した感情的な議論等と区別して、人間誰もが認める根拠に基づいて相手を説得しようとする議論を「理性的」な議論と称することは適切なのではあるまいか。

動物進化論に従えば、人間が人間以外の動物から進化して今日の人間になったように、いずれ遠い将来には今日の人間も進化して、もはや人間とはいえない新種の動物になることは十分に考えられる。そのように進化して出現した新種の動物はいまの人間とは異なった性質をもつであろう。しかし、そうなるまでは、人間は人間として同一の性質をもつはずである。換言すれば、もしも現在の人間が進化してその人間としての固有の性質が変わってしまえば、それはもはや人間ではないというべきである。人間は人間であるかぎりは人間として不変の性質をもつ。この性質を人間性と呼ぶならば、人間性は不変である。この人間性に即する生き方が普遍的な道徳であり、道徳的真理である。そして、人間がそれを知って（または、知ったと思って）表現したものが道徳的知識なのである。

不変の人間性と多様な道徳的知識

我々が日常生活で従っている道徳は、この道徳的真理を人間が発見して表現した道徳的知識である。道徳的知識は、それぞれの社会や時代において、その生活条件に即した形で道徳的真理を表現したものである。道徳的知識は、社会や時代の状況が変化すれば変わる。しかし、人間性に

（3）　たとえば、ロック『自然法論』（一六六四年頃）（『世界大思想全集：社会・宗教・科学思想篇2』河出書房新社、一九六二年に所収）を参照。

反する仕方で変わるわけではない。道徳的知識の変化を限定するものが普遍的な道徳的真理である。

人間社会の多くは、かつて身分制の道徳を受け入れていたが、今日では平等制の道徳を受け入れている。このことは、この二つの道徳がともに人間性の許容範囲内にあることを示すだけであって、人間性が変化したことを示すのではない。かつて人間は、一度も蟻や蜂にみられるような安定した身分制度をもつことはなかったし、今後もないであろう。身分制度は、特定の社会状況において特定の必要に応えるかぎりにおいて、人間性に即するもの（あるいは耐えうるもの）であった。たぶん、近代の産業社会では、身分制度よりも平等制度の方がよりよく人間性に即するのであろう。もしも人間性が変わるのであれば、身分制度から平等制度に変わる社会があるように、平等制度から元の身分制度に変わる社会があってもおかしくないはずである。しかし、現実には、歴史の変化は一方向的である。

人間性が不変であることは、人間の身体的性質と類比して考えると分かりやすい。たとえば、人間が、真夏の太陽の下で汗をかき、真冬の雪の中で震えるからといって、人間の身体的性質が気候によって変化するというわけではない。もともと人間の身体的性質が暑いときと寒いときでは違った反応をするようにできているだけのことである。もしも身体的性質が気候によって変化するのであれば、暑くても汗をかかない人間や、寒くても震えない人間が集団的に発生してもおかしくないはずである。たしかに、気候への馴化によって集団間で人間の身体的性質に違いが生じることがあり、また遺伝や訓練によって個人間に違いが生じることもあるが、その違いはわずかである。もしもその違いが大きくなって、従来の人間との共同生活が不可能な状態になれば、そこに人間とは異なる新しい種が出現したというべきであろう。

道徳の変化についても同じことがいえる。身分制度の社会には、身分制度の社会に特有の人間性の側面が現れ、平等制度の社会には、平等制度の社会に特有の人間性の側面が現れる。たとえば、身分制度において、社会全体が貧しくても各人がそれぞれに身分相応の生活を保障されているかぎりは、今日の我々のように個人的にあくせく努力して自らの生計を立てる道を探す必要はないから、それなりに安定し満足した生活ができていたのではあるまいか。しかし、社会の一部が豊かになったにもかかわらず、その豊かさが身分の高い者だけに偏り、身分の低い者は以前と同じように（あるいは以前以上に）貧しいのであれば、社会は不安定になるであろう。また、能力のある者は自らの能力を存分に発揮できないことに不満を感じるようになるであろう。この種のことが身分制度の中で起こったのではないか。また起こりうるのではないか。そうであればこそ、多くの社会において身分制度が崩壊し、平等制度に移行したものと思われる。

今日の社会状況においてかつての身分制度と今日の平等制度を比較すれば、人間性は後者を支持する。しかし、それにしても、今日の平等制度が人間性に完全に合致するわけではない。今日の平等制度は、機会の平等であり、不平等になるための競争の平等である。今日の社会は、競争が過剰に厳しくなり、競争の結果として生まれる不平等が極端に拡大した結果、人間は、このような平等制度に代わる新しい道徳を求めているのではなかろうか。人間は、社会状況が変われば、その社会に適した道徳を求める。そして、より適した道徳が見いだされれば、それをその社会の道徳とする。この変化がとどまることはないであろう。

二つの社会が相互に独立して存在するときには、それぞれの社会において固有の社会条件に対応する仕方で道徳が展開するであろうから、社会によって道徳が異なることが多かろう。人間の創造と想像の能力が同じ社会でも異なる道徳を作り上げることがあろう。また、人間には、巧みに教えられればそれを信じ込んでしまう傾向があるために、誤った道徳が社会の変化に対応しないままに続くこともあろう。しかし、その二つの社会が相互に関係をもち、双方ともに相手の社会が自らとは異なる道徳をもっていることに気づいたときには、両者を比較評価して、よりよい道徳を選び取るのではあるまいか。

過去においては、武力の強い社会が弱い社会を支配し、自らの道徳を強制することがあった。同じことが今日も起こっており、将来も起こりうる。だからといって、そのような武力による強制を道徳変化の必然だと考える必要はない。人間は、過去を教訓として、それとは違った形で未来を築くことができる。少なくともそうするように努力することができる。

過去において、ある社会の中で、他の社会からの強制なしに、つまり内発的に、他の社会の道徳を参考にして、自らの社会の道徳を変えていったことがある。優れた道徳の周辺地域への普及浸透はその例である。この場合、自分の社会の道徳と他の社会の道徳とを比較評価して、よりよい道徳を選び取っていたのである。そのようにして選び取った道徳が、期待したほどによいものでなければ、時を経て改めて古い道徳を復活させることがあるかもしれない。しかし、古い道徳がまったく元の形のままで復活することはないであろう。歴史は、それが忘れられないかぎりは繰り返さない。繰り返すのは、忘れるためである。道徳が変化するときには、偶然に変化するのではなく、また必ずしもつねに強制されて変化するのでもなく、自発的に比較評価され選択されて変化する。これが道徳の自然な変化である。

道徳の自然な変化は、その時点でよりよいと思われる方向への変化である。それはその時点に特有の興味関心に縛られている。したがって、後になって異なった興味関心に立ってみれば、より悪い方向への変化であったということが起こりうる。あるいは道徳の変化によってそれまではなかった新たな状況が出現することもある。それゆえに、道徳の変化は、特殊的・一時的にはよりよい方向への変化であるが、総合的・長期的には必ずしもよりよい方向への変化になるとは限らない。しかしまた、さらに総合的・長期的にみれば、やはりより善い道徳が生き延びていくものと考えられる。いずれにしても、道徳の変化は最善の状態で停止するということはない。人間が創造と想像をやめないかぎり、そして人間性により合致した道徳を求めるかぎり、道徳の変化が終わることはないのである。

このように道徳が時とともに変化するということは、人々が受け入れる道徳が、人間各自が子どものときに教えられ、信じ込んでしまった道徳を生涯にわたって持ち続けるものではないことを示している。何ごとであれ、子どもが大人から教えられるときに、子どもは教えられるものをそのまま信じ込んでいるわけではない。それが正しいと、あるいは本当だと思ったから信じ込んだのである。それゆえにまた、その信じ込んだことの誤りに気づけば、その誤りを正そうとする。そうでなければ、道徳が時代とともに変わること自体が理解できなくなる。

我々は、いかなる条件もなしに一般に人間にとって正しい道徳は何かと問われても確定的な形で答えを出すことはできない。しかし、特定の社会状況の中で相互に対立する二つあるいはそれ以上の道徳が明示された上で、よりよい道徳はどちらかと問われれば、必ずしも答えを出すことができないわけではない。そのように思考の範囲を限定すれば、そして幸運に恵まれれば、その範囲内で人間であれば誰でも納得することのできる道徳を見いだすことができるであろう。少なくともこの可能性を否定することはできない。我々は、必要であればその必要に応えるまで、この可能性を追求することができる。この追求を断念しなければならない絶対的な壁がどこかにあるわけではない。この可能性の根拠となるものが不変の人間性であり、その人間性に即した普遍的な道徳である。

3　道徳教育の原理

人間が守るべき道徳は、人間に固有かつ共通の性質すなわち人間性によって支持される普遍的な道徳である。各社会で通用している道徳は、その社会の人々が正しい道徳だと思って受け入れている道徳すなわち道徳的知識である。各社会で通用している道徳は、必ずしも普遍的な道徳に合致しているわけではない。人間は、ときに誤った道徳を正しい道徳だと思い込んでしまう。ときに生活条件が変化したにもかかわらず、古い道徳に固執することがある。いずれにしても、既存の道徳に問題が生じた場合には、人々は、その問題を解決することができるよりよい道徳を求める。この探求は、幸運に恵まれれば、既存の道徳の誤りを正し、新しい生活条件により適した道徳を見いだすであろう。これを可能にするのが普遍的な道徳である。このように、普遍的な道徳と現実に受け入れられている道徳を区別した場合、道徳教育はどちらの道徳を教えるべきか。

科学教育についても、同様の問いを問うことができる。すなわち、科学教育は、人間にとって所与にして普遍的な科学的真理を教えるべきか、その教育が行われている社会で一般的に正しいとされている科学的知識を教えるべきか。科学的真理は、人間がそれを表現するかぎりは、科学的知識になる。だから、現実的に考えるかぎり、科学教育はその教育が行われている社会で正しいとされている科学的知識を教えるほかない。しかし、理想的に考えるのであれば、科学教育は、当該の社会で正しいとされている科学的知識を教え込むのではなく、既存の科学的知識を教えることをとおして、科学的真理を見いだし、科学的真理に従って正しく考え、正しく行動する人間を育てることをめざすべきである。

科学教育は、実際上も、このようなものになっているのではあるまいか。科学においても、ときに誤った知識があたかも真理であるかのように社会で一般的に受け入れられることがある。このように社会で受け入れられた知識の誤りを発見するのは、科学教育を受けて既存の科学的知識をよりよく知っている人か、それともあまり科学教育を受けていないために既存の科学的知識のほとんど知らない人か。既存の科学的知識をよりよく知っている人の方が、既存の科学的知識の誤りを見いだし、これを訂正することがよりよくできるのではあるまいか。これは、科学教育が既存の科学的知識を教えることによって、その既存の科学的知識を越えて普遍的な科学的真理を探究する能力を育てることができていることを示している。

残念ながら、道徳教育はこのような状態にはなっていない。道徳教育をとおして既存の道徳を徹底的に教え込まれた人々は、しばしば、教えられた道徳に執着するあまり、その道徳の誤りに気づかなくなることがある。否、その方が一般的なのではなかろうか。道徳教育もまた、既存の道徳を教えて、その既存道徳につねに縛られるのではなく、必要なときには必要に応じて、果敢に既存の道徳を再検討して、その誤りを正すことができる人間を形成すべきである。それが可能なためには、道徳教育もまた、既存の道徳を教えて、その道徳を批判的に検討し、これが誤りであれば、その誤りを見いだして訂正することのできる人間を形成することが必要である。

道徳教育は、既存の道徳を教えることをとおして、普遍的な道徳に従って生きる人間を形成することをめざす。そのために道徳教育は、子どもに既存の道徳を教え込むのではなく、既存の道徳を教えることをとおして、子どもが自分で普遍的な道徳に気づくことをめざすのでなければならない。普遍的な道徳は、子どもがそれを正しく理解しさえすれば、必ず受け入れるはずの道徳である。教師は、自分が正しいと思っている道徳を子どもに教える。それが確かに普遍的な道徳に合致していれば、子どもはそれに気づいて受け入れる。教師が強制して押しつける必要はない。本来の意味での道徳教育は、このようなものでなければならない。

現実に、教師が意識して教えることのできる道徳は、社会で一般に受け入れられている道徳あるいは教師自身が受け入れている道徳、つまり、いずれにしても既存の道徳である。教師は、既存の道徳を子どもに教え、子どもはそれを理解して、あるいは理解したつもりになって受け入れる。既存の道徳にはそれなりに説得力が備わっているから、これは無理のないことである。しかし、ときには、子どもは理解できなくて、教えられた道徳を受け入れないことがある。これは、子どもに理解力が不足している（あるいは理解しようとする気持ちがない）ために起こることもあるが、教師の教える道徳が普遍的な道徳に反しているために起こることもある。子どもが、誤った知識を教えられて、それを理解できないのは当然のことである。

現実の道徳教育が既存の道徳を教えるほかないからといって、右に述べた本来の意味での道徳教育、すなわち普遍的な道徳を教える道徳教育を観念の遊戯として無視してしまってはならない。割り切って現実的な道徳教育に甘んじる場合とあくまでも本来の意味での道徳教育をめざす場合とでは、現実に大きな違いが生じるからである。

割り切って現実的な道徳教育に甘んじる場合、どのようなことになるか。この場合、道徳教育とは、当該社会で一般的に通用している道徳を教え込むことだとみなされる。この教育が成功するならば、その社会内では道徳が統一され、それなりに秩序が維持されるけれども、他の諸社会とは道徳が相違また対立することになりうる。また、そうなって当然だと考えられる。したがって、社会を越えて人々が相互理解することが困難、あるいは不可能になる。また、たとえその社会の道徳が誤っていても、それを訂正することが困難、あるいは不可能になる。加えて、その社会で一般的に通用している道徳に納得できない教師は、自らの信念を曲げて、その社会の道徳を教えるよう強制されることになる。

道徳教育を受ける子どもはどうなるか。教えられる道徳を受け入れるか否かは、子どもに委ねられるなどという悠長なことはいっておれなくなる。子どもは、その社会の道徳を教え込まれなければ、何も道徳をもたない人間になってしまうと心配される。あるいは、他の社会の道徳を教え込まれると心配されるかもしれない。いずれにしても、子どもは、自ら理解して納得するか否かに関係なく、教えられた道徳を守るようにしつけられる。この場合、教師がいくら懸命に教えても、これを受け入れない子どもが出てきたときにはどうなるか。子どもに（内心でどう考えるかはともかく）外見だけはその道徳を受け入れているかのように振る舞うことを強制するであろう。いずれにしても、道徳教育は、子どもを一定の型にはめ込むことになってしまう。このようにして型にはめ込まれた子どもは、教えられた道徳に固執するあまり、現実の複雑な状況に適切に対応することができなくなるであろう。あるいは、教えられた道徳に外面的に従うだけの偽善者になるかもしれない。

たとえ完全には実現できないとしても、あくまでも本来の意味での道徳教育をめざす場合はどうなるか。教師は、普遍的な道徳を教えることをめざす。ただし、現実には、各教師が受け入れている道徳を教えるほかない。その道徳は、大半は、教師が所属する社会で一般的に受け入れられている道徳と同じであろう。大半の人々が共通に受け入れるからその社会の道徳として通用しているはずだからである。また、子どもの多くは、その教師の説明を理解して納得するであろう。その社会の道徳が安定しているのであれば、子どもにとっても納得できる説明がなされうるはずだからである。

しかし、教師の中には、自らに正直であるかぎりは、その社会で一般的な道徳を受け入れられない者もいるであろう。その場合はどうなるか。普遍的な道徳を教えるのであれば、教師は、自らの責任において、自らが普遍的と信じる道徳を教えるほかないであろう。教師に限らず人間は誰でも、自らに正直であるかぎり、自らが正しいと信じることでなければ、子どもに正しいと教えることはできないからである。(4)

(4)　だからといって、教師は自らが信じている道徳なら何を教えても許されるというわけではない。自分の信じる道徳だけでなく一般に通用している道徳をもできるだけ公平に紹介する、公教育の基本原則に反する道徳は教えない、など何らかの制限は必要であろう。この点については、第七章でもう少し詳しく検討する。

どんな道徳を教えるかは基本的に各教師に委ねられるように、教えられる道徳を受け入れるか否かの決定は、各子どもに委ねられる。教師は、子どもにこの自由は残しておかなければならない。否、正確にいえば、この自由はつねに子どもに残されている。子どもは、つねに外面的には教師に従いながら、内心においては教師に反発することができる。子どもの内心のあり方を教師が決めてしまうことはできない。しかし、気の弱い子どもは、ときに自分にその自由があることを忘れて、内心においても不本意ながら教師に従ってしまうことがある。教師は、子どものこの弱さを利用して、自分の教える道徳を無理にでも押しつけることがある。今日、このようなことが実際に起こっているのではあるまいか。(5) 普遍的な道徳を教える教育は、けっしてこのようなことをしてはならない。教師の教える道徳を受け入れるか否かは、子どもに委ねられるのでなければならない。教師は、教育のこの限界をつねに自覚しておくことが必要である。

これは子どもに限らず、人間一般に当てはまる事実であり、道徳に限らずあらゆる思想良心について当てはまる事実である。厳密に考えれば、人間は、本来、自分がしたいことをする自由な存在である。ただし、外面に現れる行動ないし態度に関しては、必ずしもつねに自由が許されるわけではない。共同生活の場としての学校が成り立つためには、ある程度の行動や態度の統一が

（5）最近は、学校だけでなく家庭でも、子どもが親にいい子にみえるように過度に努力した結果、後にその反動として心理的・社会的な問題を引き起こすことがあるといわれる。ゆゆしき事態である。

必要である。その必要に応えるかぎりにおいて、教師も子どもも行動や態度の一致を強制されることがありうる。社会においても同様である。

このことは、しかし、教育は子どもの内心にまでは干渉せず、外面に現れる態度を形成するだけでよいということを意味するわけではない。(6) 教育は、あくまでも子どもの内心を形成することをめざす。子どもが、内心において道徳を受け入れ、これに従うようになることをめざす。内心を問わず、たんに外面に現れる態度だけを形成する教育は、偽善者を作る教育以外の何ものでもない。教育は、子どもの内心が普遍的な道徳を受け入れるようになることをめざす。その内心は、子どもが自分自身で納得するかぎりで形成されるものであって、教師が強制して形成するものではない。また形成できるものでもない。教師はただ、子どもの内心が望ましい形で形成されるよう手助けすることができるだけである。

(6)　現行の教育基本法第二条に列挙した教育目標を擁護するために、教育は態度を養うだけであって内心は問わないから思想良心の自由を侵害しない、などという議論があった。詭弁というほかない。

4　道徳教育の方法

学習と経験

知らないことを知るという意味での学習は、経験をきっかけにして知る当人が自分自身で気づくことによって起こる。子どもが「盗みをしてはいけない」ということを知るためには、盗みをしてはいけないことに気づくのに適切な何らかの経験をする必要がある。その経験は多様である。自分の大切なものを盗まれて困る、あるいは怒りを感じる、他人から嘘をつかれて怒りを感じる、自分自身が盗みをしてひどく叱られる、他人が盗みをして叱られるのを見る、などいろいろな経験が子どもにこの道徳に気づかせるきっかけとなりうる。子どもが自由に話すことができるようになれば、「盗みをしてはいけない」と（理由を含めて）話して聞かせられることもまた適切な経験となりうる。

学習は、経験をきっかけにして知る当人が自分自身で気づくことによって起こる。正しく知るためには、ときに試行錯誤を必要とする。また、知ったことが正しいことを確認し、忘れないように定着させるためにも反復して経験することを必要とする。それゆえに、広い意味での学習には反復経験が必要である。しかし、同じ経験が反復され蓄積されて学習内容になるわけではない。子どもは、繰り返し盗みをし、繰り返し罰せられて、徐々に「盗みをしてはいけない」ということを知っていくのではない。一度（あるいはせいぜい数度）賞罰を与えられれば、あるいは言葉をとおして教えられれば、その経験をきっかけにして、「盗みをしてはいけない」という道徳に気づく。

学習は、経験の質を変える。「盗みをしてはいけない」ことを知る前と知った後とでは、子どもの経験の質が変わる。この道徳を知らないうちは、子どもは善いとも悪いとも思わずに盗みをし、誰にも気づかれずに得をすれば、単純に喜ぶであろう。しかし、この道徳を知った後は、盗みをしないように心がけるであろう。また、たとえ盗みをして得をしても、以前と同じように単純に喜んでばかりはいられず、何らかの程度において後ろめたさを感じるであろう。学習は経験をきっかけにして起こり、その学習が経験の質的変化をもたらす。

いったんこの経験の質的変化が起これば、以後、その変化した経験が繰り返される。子どもは、繰り返し盗みをしないことによって、あるいはあえて盗みをして後で後悔することによって、盗みをしてはいけないという道徳を再確認する。ただ、この学習が印象の薄いものであり、また同種の経験を繰り返すことが稀であれば、この学習を全体として忘れてしまうことがありうる。その場合には、再び同じ学習をすることが必要である。しかし、生活の必要に応じて学ぶことは、普通はその後も繰り返し経験するであろうから、何度も同じことを学習する必要はないはずである。

学習と経験のあいだには相互関係がある。不運な偶然によって不道徳を学んでしまった子どもは（たとえば、盗みをして気づかれないことが何回か続いて、盗みは気づかれないようにすればよいと思い込んでしまった子どもは）、その不道徳に従ってその後の経験をするようになる危険性がある。そうなってしまえば、子どもにその不道徳を改めさせることが難しくなる。それゆえに、子どもが繰り返し不道徳を経験する前に、あるいは不道徳に習慣づけられる前に、道徳をしっかり教えておくことが望ましい。

親や教師は、子どもが道徳に気づくように適切な経験を準備することができる。しかし、その経験から何を学ぶかは子どもに任される。子どもが盗みをすれば、親は罰することができる。しかし、その罰をどのように解するかは子ども自身が決める。たいていの子どもは、「盗みをしてはいけない」という意味に解するであろう。しかし、子どもによっては、「見つかったから罰せられた、盗みは見つからないようにしなければならない」と解することもありうる。あるいはまた、盗みが悪いか否かなどは考えず、ただ罰せられないように用心しているだけのこともあろう。これらの場合、たとえ子どもが道徳的に振る舞っているにしても、それはただ罰せられることを避けているだけであって、道徳を知ったわけではない。親や教師は、道徳を教えるために種々の経験を準備するという意味では、道徳を教えることができる。しかし、その道徳に気づくか否かは子どもに任されているという意味では、道徳を教えることはできない。

これは、何も道徳の学習に限らず、知識一般の学習に当てはまることである。学校教育においては、しばしば、知っていなくても、あたかも知っているかのように考え、行動するようにしつけることが行われる。数学の証明を再生し、歴史の知識を暗記し、学校の規則を守るなど、その例は枚挙にいとまがない。これらを「知る」（理解して受け入れる）こととは区別された意味で「覚える」（教えられたとおりに覚え込む）ことと呼ぶならば、学校教育は、子どもが知ることよりも覚えることに重点をおきがちだということができる。しかし、これは教育の本来のあり方ではない。子どもが教えられたことをそのまま覚えるようになったとき、子どもは一種の操り人形に形成されているのである。教育は、子どもが覚えることではなく、知ることをめざすのでなければならない。

子どもが道徳をたんに覚えるのではなく知るようになるためには、説明することが有効である。盗みをした子どもをたんに罰するだけ（たとえば、何も言わずにただ叩くだけ）であれば、子どもは、当分は恐ろしくて盗みをしないかもしれないが、そのうち忘れて、あるいは自分が強くなれば、盗みをするようになるかもしれない。また利口な子どもなら、見つからないように盗みをすることを学ぶかもしれない。盗みをして罰したり叱ったりするにしても、同時に話して聞かせる（説明する）ことが必要である。少なくとも、言葉を十分に解するようになった子どもには、言葉を介して理解を促すということが教育の重要な手段となる。

実践知

科学的知識は、しばしば、単純な原理（または定理や法則）として表現される。その原理や法則は、誰にでも同じように理解される。しかもその原理や法則を知っていれば、現実の問題を解くことができる（ことがある）。たいていの子どもは、ある金貨が純金でできている本物か不純物が混入している贋物かを、その金貨の形を変えることなく見分けよといわれても、どうすることもできないであろう。しかし、アルキメデスの原理を教えられてその原理を理解すれば、自分で本物と贋物の見分け方を見いだすことができるであろう。あるいは、原理を理解することはできなくても、その原理に即した見分け方の具体的方法を教えてもらえば、その方法に従って実際に見分けることができるであろう。科学的な知識はその意味を一義的に示すように明示的に表現されるだけでなく、その表現された知識を知っていれば、その知識の応用として現実の問題を解くことができる（ことがある）。科学的知識は、その知識が適用されうる問題については、その問題を解決するための確かな指針となる。

　道徳は、ほとんどの場合、科学的知識と同じように単純な言葉では表現されない。たとえ単純な言葉で表現されても、それは現実の問題を解決するための確かな指針とはならない。たとえば、「嘘をついてはいけない」という道徳を考えてみよ。このように単純な形で表現された道徳（しばしば徳目と呼ばれるもの）でも、状況が単純な場合には、現実の道徳問題を解決するための指針となりうる。子どもが何か悪いことをして見つかれば罰せられる状況で、その罰を逃れるために嘘をつくのであれば（たとえば兄が妹のお菓子を食べて、母親から叱られるのを避けるために、自分は妹のお菓子を食べていないと嘘をつくのであれば）、それは確かに悪いことである。このような単純な状況においては、「嘘をついてはいけない」という徳目は、正しい道徳判断を導くための指針となりうる。

しかし、この場合には、その徳目を知らなくても同じ道徳判断ができるのではあるまいか。右の兄が「嘘をついてはいけない」という徳目を知っていれば、嘘をつくことが悪いことだと分かるけれども、この徳目を知らなければ、嘘をつくことが悪いことだとは分からない、などということがあろうか。順序は逆で、妹のお菓子を食べてしまったことが悪いことだと分かればこそ、叱られて納得するのであり、「嘘をついてはいけない」という徳目を知る（受け入れる）のではなかろうか。妹のお菓子を食べてしまったことが悪いと分からないのであれば、叱られて反発するか、訳も分からずに黙ってしまうか、叱られたことがくやしくて泣くか、等々いろいろな反応があろうが、いずれにしても（道徳的に）悪いことをしたと納得することはないのではあるまいか。

しかし、状況が多少とも複雑で容易には道徳的な判断を下しがたい場合には、徳目を知っているからといって、確実に正しい道徳判断ができるわけではない。むやみに特定の徳目に固執するならば、かえって判断を誤ることが多い。妹が何らかの事情で（たとえば病気で）お菓子を食べてはいけないときに、兄がそのお菓子を隠して、しかし妹にはそのお菓子はないとか、どこにあるのか知らないなどと嘘をつくことは、必ずしも悪いことではないだろう。道徳判断に迷うときに、あるいは異なる道徳判断が対立するときに、正しい判断を導くための指針となるのは特定の徳目ではない。その判断を迫られる出来事についての総合的にして正しい認識である。その出来事を正しく認識すれば、その認識から正しい道徳判断がおのずから導かれてくる。我々が道徳判断を誤るのは、たいていの場合、徳目を知らないからではなく、状況の認識を誤るからである。

科学的知識（の断片）を単純な命題（言葉や定式）で表現したもの、たとえば法則、公式、原理、定理など種々の名前で呼ばれるものは、その知識体系全体を理解しなくても、その表現された命題を（現実に適用することができる程度に）知れば、実際に現実の問題を解くことができる（ことがある）。したがって、多数の命題を（たとえ理解しなくても）知って覚えておくことにそれなりの意味がある。したがってまた、科学的知識は理解できなくても、その実用的な命題だけを教えることにも相当の意味がある。

しかし、道徳的知識（の断片）を単純な形で表現したもの、たとえば徳目（あるいは、学習指導要領で「内容項目」と呼ばれているもの）は、現実の多少とも複雑な状況において道徳判断を導くための指針として役に立たない。徳目は、道徳判断が分からないところで正しい判断を導く指針としてではなく、正しい道徳判断を得たところで、その判断がなぜ正しいのかを説明するために持ち出される公式として役立つだけである。それゆえに、徳目を一般的に適用可能な道徳判断の指針であるかのようにみなして、これを子どもに教えて覚え込ませることには意味がない。否、積極的に害がある。

人間は、実際に道徳判断をする場合に、言語的に表現された道徳（徳目や内容項目、あるいは格言など）から演繹して道徳判断を導き出しているわけではない。道徳判断は、表現された道徳から導かれるのではなく、個別具体的な状況の総合的な認識から導かれる。個別具体的な状況に応じて実際の道徳判断を導いている知識は、その判断をしている当人には必ずしも明示的な仕方では表現できないことが多い。そのかぎりで、その知識を知らないといってもよい。しかし、その知識に従って実際に判断しているかぎりにおいて、それを知っているということもできる。

この点で、道徳は言葉に似ている。我々が言葉を話すとき、複雑な文法規則に従って話しているにもかかわらず、その文法規則を意識してはいない。また明示的に表現することができない場合も多い。あるいは、言葉を話すときに使っている各語の正確な意味を確定することは困難な場合も少なくない。それにもかかわらず、文法規則に従い、正しく各語を使って、話すことができる。我々の道徳判断を導いている知識は、このように明示的には表現できないけれども、実際に使うことはできる種類の知識である。ここでは、この種の知識を「実践知」と呼ぼう(7)。

我々の実際の道徳判断を導いている道徳は、正確には言語表現されない。言語表現された道徳は、道徳判断に迷う場合、あるいは他者を説得する場合に意識されるだけである。その場合にも、

（7）マイケル・ポラニー（佐藤敬三訳）『暗黙知の次元』紀伊國屋書店、一九八〇年を参照。ただし、彼のいう「暗黙知」は明示的な知識の前提にあって、普通は明瞭には意識されないものだから、ここでいう「実践知」と同じではない。ここでいう「実践知」は、確かに意識されても、正確な言葉で明示的には表現できない知識を意味する。

あらゆる場合に適用されるー般的な道徳としてではなく、そのつど問題になっている事例に適用できる道徳として意識されるだけである。道徳は、このように実際に使うことはできるけれども明示的に表現することはできない種類の知識、すなわち実践知である。実践知は、実践をとおしてでなければ教えられない。

道徳は、具体的に道徳判断を要する場面で、そのつど正しい判断を教えることによって教えられる。子どもは、日常生活の中でしばしば道徳判断を迫られる。そのとき、子どもが正しく判断し正しく行動すれば、それでよい。しかし、判断や行動を誤った場合には、それが誤りであることを確実に教える必要がある。そのような個別的具体的な学習をとおして、子どもは道徳を学ぶ。道徳教育は、具体的な事例において正しい道徳判断を下すことによって、子どもの心に実践知としての道徳が育つことをめざすのでなければならない。言葉で明示的に示された徳目や格言などは、実践知としての道徳のきわめて不正確な表現であるにすぎない。

先に、時代や社会が変わっても変化しない普遍的な道徳（つまり道徳的真理）と、特定の時代・特定の社会において特有の仕方で実現される道徳（つまり道徳的知識）を区別した。人間が知った道徳は、あるいは人間が意識して表現するかぎりの道徳は、すべて道徳的知識となる。明示的に表現された徳目や格言は、それぞれの時代・社会においてそれぞれ特有の仕方で解釈された道徳的知識である。このように各時代・社会にふさわしい仕方で解釈されることによって、徳目や格言はその意味を変える。しかしまた、時代や社会が変わっても同じ徳目や格言が生き残り、当該の社会で有用な道徳として役立つのは、徳目なり格言なりが普遍的な道徳を（不完全な仕方ではあっても）表現しているからであろう。徳目や格言は、このように柔軟に解釈されるがゆえに、そして、柔軟に解釈されるかぎりで、普遍的な道徳として生き残る。

5　学校での道徳教育

実践知の教え方

子どもに道徳を教える有効な方法は、子どもが道徳判断を迫られるときに、その状況を正しく総合的に認識して、正しい道徳判断を下すように手助けすることである。多種多様な状況の中で、この経験をすることによって、子どもの心に実践知としての道徳が育っていく。したがって、学校で道徳を教える場合も、学校生活の各場面で子どもが正しく道徳に従うように導くことが、要するに学校生活で道徳的に正しく振る舞うように導くことが、もっとも有効な方法となる。

このような教え方であれば、子どもが実際に経験する事柄に関する道徳だけは教えられるが、子どもが直接的には経験しない、あるいは経験しえない事柄に関する道徳は教えられないと考えられるかもしれない。もちろん、そうではない。たとえば、「人を殺してはいけない」という道徳は、人を殺してしまった人、あるいは誤って殺しそうになった人にしか教えられないというわけではない。人間は想像する動物である(8)。現に生身の身体で直接的に経験すること以外に、想像によって経験することがたくさんある。人の話を聞いてその場面を想像し、その場面でどのような道徳判断が正しいかを考えることができる。この場合も、一般的に「人を殺してはいけない」という徳目を教え込むのではなく、その想像上の特定の場面である人がある人を殺してはいけないということに気づかせているのであり、子どもはその経験から一般的にどんな場合に人を殺してはいけないかを実践知として知っているのである。子どもが直接に経験しえない事柄についての道徳はこのようにして教えられる。

そのかぎりで、読み物資料を用いた道徳の授業も道徳教育の方法として有効である。ただし、その資料から徳目を抽出して、徳目を心に刻み込むことをめざすのではなく、その資料に表現された具体的事例において、その状況を総合的に正しく認識して、その状況においてどんな道徳判断が正しいのか確認することをめざすのでなければならない。この場合には、子どもが実際にはその状況の中におかれていないけれども、想像の上ではその資料に示された具体的な状況の中に登場する一人の人間として正しく判断することを求められる。子どもは、その特定の状況を総合的に判断して正しい道徳判断を導くことになる。

子どもが実際に直接的に経験している事例であれば、その状況を正確に確定することができる場合がある。正確に確定することができれば、確実に正しい道徳判断を導くことができる。しか

（8）　松沢哲郎『想像するちから』岩波書店、二〇一一年。

し、現実には正確に確定できない場合が多い。そのときにはその確定できない部分については想像で補わざるをえない。その場合は、その想像の程度に応じて道徳判断も不確実なものになる。読み物資料の場合は、しばしば、その状況がどうなっているか大幅に想像せざるをえない場合があり、ときには現実的に考えるかぎり起こりえない状況が描かれている場合もある。その場合には、正しい道徳判断を確定することは不可能である。

このことを考慮するならば、架空のお話を読み物資料として使うのではなく、いま現に社会(学級、学校、地域社会、国家、世界など)で起こっている事例や歴史的な事例を使う方がよいのではなかろうか。このような資料であれば、子どもが直接的には経験しえない事例ではあるが、他の社会の子どもたちが経験している事例、大人たちが経験している事例、過去の人々が経験してきた事例などであるから、事実と想像の区別が比較的明瞭になる。そして可能なかぎり確実な事実に基づいて総合的な状況を認識し、その状況認識に基づいて道徳判断を導くことができる。そして、事実が確定できないために想像で補う場合には、その想像の程度に応じて不確実な道徳判断しかできないことに気づかされる。我々が現実生活で道徳判断を誤るのは、状況が複雑で確実に認識できないときであり、確定できない事実を安易に想像で補い、それが誤る場合である。現実世界の事例や歴史上の事例を題材にして道徳を教えるならば、この種の誤りを避けるためのよい練習になるであろう。

以上の点を考慮すれば、学校教育の中で道徳を教える時間を特別に設定するよりも、すべての教科の中で正しい知識をより広くより深く教えること、その中で道徳判断を迫られる問題があれば、そのつど正しい道徳判断を追究することの方が適しているのではなかろうか。もちろん、子どもが学校で、あるいは家庭や地域社会で、現に直面している問題があれば、そしてその問題を取り上げることが必要であり、また可能である場合には、その問題を取り上げて、正しい道徳判断を導くことがあってよい(9)。

以上の議論は、もっぱら道徳的知識の教育だけを考えているから、道徳的な情操や実践力の育成には通用しないと解されるかもしれない。しかし、そうではない。もしも道徳的情操や実践力と呼ばれるものが教えられ学ばれるものなら、ここで述べたように、教師が、子どもに種々様々な働きかけをし、その働きかけをきっかけにして、教師が意図していたとおりの道徳的な情操や実践力が子どもの心の中に育つのでなければならない。これまで「知識」と呼んだものは、広い意味で人間が知りうるもの、意識的に教えて学ばれうるものの全般を意味していた。その中には日常的に知識と呼ばれるものだけでなく、情操や実践力も含まれる。道徳教育のなしうることは、狭い意味での知識であろうと情操や実践力であろうと、あるいは他の言葉で呼ぶのがふさわしい何らかの能力や性質であろうと、基本的に同じである。

さらに付け加えるならば、情操も実践力も根本的には通常の意味での知識（その正しさが主観

（9）　戦後教育改革で取り入れられた「社会科」の理念はこんなところにあったものと思われる。

的・感情的にではなく理性的に正当化される知識）によって形作られるかぎりにおいて、信頼できるものになるのではなかろうか。

道徳の説明

道徳は、基本的に、実践知である。しかしまた、道徳は実践知だけにとどまっていることができない場合がある。我々は、道徳判断に迷うとき、自分自身が従っている実践知を改めて明確に意識化して（明示的に表現して）、その意識化された道徳（明示的に表現された徳目や道徳理論）に従って判断しようとする。また、自分の道徳判断に疑問が呈せられれば、その明示的に表現された道徳に訴えて、その正しさを説明しようとする。道徳判断を導くために徳目があり、さらにその徳目を正当化したり、諸徳目間の関係を説明したりする道徳理論があるのはこのためである。

道徳判断は、ときに、あるいはしばしば、たんに直感的に知られるだけでなく、理論的に理解されることが必要になる。判断に迷うときは、判断の正当性を説明するために徳目や道徳理論を必要とする。他人にその判断の正しさを説明するためにも、徳目や道徳理論が必要である。一般に、道徳判断の正しさを説明することは容易ではない。いかに単純な道徳でも（否、単純な道徳ほど）疑うことはさほど困難ではない。「盗みをしてはいけない」という道徳の説明を求められて、「盗まれた人が困るから」だというならば、「相手が困らないのであれば盗んでもよい」のかと問い返されるかもしれない。あるいは「相手が困っても私は困らない」、「私は困っても我慢した」

などと反論されるかもしれない。その他考えれば、種々様々な理屈が立てられるであろう。道徳を納得して受け入れるように教えるためには、右のような疑問に、それがまじめなものであるかぎり、まじめに答える必要がある。

まじめな疑問とたんなる揚げ足取りは区別されなければならない。まじめな疑問は、自らの立場が首尾一貫することを望む。それゆえに、自らの理屈に矛盾があることを指摘されれば、まじめにその矛盾を解消しようと努める。この場合には、まじめな議論のやりとりが可能になる。たんなる揚げ足取りは、相手の理屈に反対することだけに関心があり、そのために必要となれば、いつでも自らの立場を変える。この場合には、まじめな議論のやりとりは成り立たない。たんなる揚げ足取りにまじめに対応する必要はない。しかし、まじめな疑問にはまじめに答えなければならない。

道徳判断の説明は、断片的な日常的経験に訴えるだけでは与えられない。説明を与えようとすれば、たとえば、すべての人がそのように考えたとしたら、社会はどのような状態になるか、道徳はすべての人に同じように適用できることが必要である、という多少とも一般的・抽象的な理論を展開することが必要になる。(10) 先の「盗みをしてはいけない」という道徳であれば、そもそも盗みとは何か、所有権とは何かという理論に発展していく可能性がある。その説明はさらに、人

(10) カントの道徳理論。

間はなぜこの世に生きているのか、世界はなぜ存在しているのか、などという形而上学的な理論にまで導かれることもありえよう。単純で自明にみえる道徳でもこれを説明しようとすれば、複雑な道徳理論を必要とすることがある。

これら複雑な道徳理論は、日常的経験によってただちに検証されたり反証されたりするものではない。それは、単純な道徳を知る以上に複雑で多様な諸事実を知り、それら諸事実を組み合わせる論理を理解することによって、はじめて理解される。我々の日常的な道徳判断は、しばしば、このような直接的には検証も反証もされない複雑な道徳理論によって支えられている。

道徳に限らず、あらゆる説明は、説明する者と説明される者とのあいだに共通に受け入れられる感情や考え方が見いだされるならば、そして見いだされるときにのみ、成立する。人間に共通に受け入れられるものは、直接的に感覚できる単純な事実には限定されない。複雑で高度な道徳理論から得られた抽象的な教訓の方がかえって共通に受け入れられやすい場合もある。単純な感覚的事実は、しばしば、何らかの理論によって影響されている。それゆえに、同じ理論を受け入れるかぎりで、同じ感覚をもつことにもなる。説明は、ときに単純な感覚的事実に還元することによって、ときには複雑な理論に統合することによって理解される。いずれにしても、人間は、人間であるかぎり、共通に受け入れる人間的な感情や人間的な考え方をもっている。道徳を説明するためには、この人間に普遍的な感情や考え方に訴えるほかかない。

人間は、人間であるかぎり、道徳に従うことを望んでいる。あらゆる困難を越えて道徳を守る人間もいれば、わずかの困難に負けて不道徳を犯してしまう人間もいる。道徳を守る人は、自らを正当化する必要はない。本来望んでいることをしているからである。逆に、不道徳を犯す人は、自分の不道徳を何らかの仕方で正当化しようとする。不道徳がその人の本来の心に反しているからである。この本質的事実に気づけば、人間は進んで道徳に従うことができるようになるであろう。あるいは、そのような道徳しか必要としなくなるであろう。道徳を守ることは自らが望んでいる生き方なのだということに気づかせることが道徳教育の基本である(11)。

(11) 本章の論旨は、拙著『改訂 道徳教育論』(東洋館出版社、二〇〇五年)の第I部と基本的に同じである。今回、その論旨がいっそう明確になるように、大幅に短縮して書き直した。一部に同一表現があるのは、そのためである。この点について読者の寛恕を請う。

第Ⅱ部

これからの公教育

第六章　学校教育

1　問題

人類の長い歴史をとおして、学校教育は一部の上流階級だけに許された特権であった。一般庶民にとって、学校教育は受けたいにもかかわらず受けられないものであった。公教育は、本来、この特権をすべての人々に開放するものであった。

公教育が開放しようとした特権とは何か。人々が自らの意志に従って自らの生き方を決める権利である。身分制度の社会が存続するためには、身分の高い人々と一般庶民のあいだに何か違いがあって、その違いのゆえに人々が身分制度を当然だと思うのでなければならない。その違いの一つが、身分の高い人々だけに許された教育であり、その教育によって獲得された知識・教養である。この違いによって、身分の高い人々は自ら正しい生き方を選ぶことができるけれども、身分の低い人々は身分の高い人々に導かれなければならないという考え方が正当化される。身分制度の社会は、一般庶民を無知・無教養の状態に保つことによって存続してきた。人間の自由と平等を原則とする社会においては、すべての人々が自らの意志に従って自らの生き方を決めることが許される。そのためには、すべての人々が自分自身で正しい生き方を選ぶだけの能力をもつことが必要であり、それを可能にするだけの知識・教養を学ぶことが必要である。近代の公教育は、そのために必要な教育をすべての子どもに提供しようとするものであった。[1]

学校教育は、この公教育の理念を実現するための機関である。学校教育は、たんに人々をより豊かな生活に導くために必要とされる実用的な知識を教えるために存在するのではない。人間が自らの意志に従って正しく自らの生き方を選ぶ自律的な存在となるためにも存在する。ここでは、この観点に立って学校教育の意義と課題を考える。

2　学校教育の理念

人間は、何ごとであれ自分の意志に従ってなす場合には、たとえ明瞭には意識しないにしても、その何ごとかをよいことだと思っている。そのよいと思う程度は、よいことだから是非しなければ

（1）近代の公教育はまた、国家の独立と繁栄のために貢献する有能な人材を形成することをもめざした。公教育のこの側面については、ここでは論じない。この点については、第八章で簡単に触れる。

ばならないという積極的なものから、一般的には悪いことだが今回に限っては許される、あるいはやむをえないという消極的なものまで、様々でありうる。しかし、何らかの程度においてその何ごとかを肯定していることに違いはない。この場合、人間は自律的な存在である。

人間は、右の意味で自分でよいと思っていることをする。しかし、そのよいと思っていることが本当によいことだとは限らない。それが誤っている場合には、よいことをしたつもりで悪いことをする。それゆえに、人間が正しく自らを律するためには、自分がよいと思っていることが本当によいことでなければならない。そのためには、本当によいこととよさそうにみえて本当はよくないこととを正しく見分けなければならない。

本当によいことを誰でも簡単に知ることができるのであれば、問題はない。しかし、社会には誤った知識がたくさんあり、しかもしばしば、それが正しい知識としてまかり通っている。人間は、しばしば、その誤った知識に従って考え、自らの行動を決める。それゆえに、人間が真に自律的な存在になるためには、自分自身で正しい知識と誤った知識を区別することができるのでなければならない。そのためには、子どもは学校で教育を受けることが必要である。なぜか。

子どもは、日常生活の諸経験をとおして多くの知識[2]を学ぶ。それは、日常生活で実際に使われるときに必要に応じて教えられ、学ばれる。それは、実生活において実際に使われうるかぎりにおいて正しい知識である。しかし、すべてが正しいわけではない。ときに、あるいはしばしば、誤っている。「我々の住む大地は平らである」、「太陽は東から昇って西に沈む」という知識は、その一例である。この知識は、毎日、誰もが経験している正しい知識であるようにみえる。また、人間の歴史において相当に長いあいだこの知識が正しい知識として通用していた。

人間は一般に、いったんある知識を正しいものとして受け入れると、こんどはその知識に合わせて自分の諸経験を解釈する傾向がある。したがって、いったん受け入れた知識が誤っていても、その誤りを見いだすことは容易ではない。その誤った知識によって日常生活が成り立っているからであり、日常生活の諸経験がその知識の正しさを証明しているようにみえるからである。ここでは、この種の知識を「日常的知識」と呼ぶことにしよう。

日常生活の直接的経験は、不思議な事実で満ちている。しかし、日常的知識がそれを自然であるかのように思わせている。日常的知識の誤りを見いだすためには、その自然な経験に疑問を抱いて、日常的知識とは異なる仕方で経験を再構成し、その知識に従って日常的な諸経験を解釈し直したり、意識的に新たな経験をしたりすることが必要である。そのようにして日常的諸経験を再構成して得られる知識の方がよりよく人間の諸経験を説明できるようになれば、これが正しい知識とされる。たとえば、右の日常的知識は、「大地は球形である（だから地球と呼ばれる）」、

（2）本章でも、教育をとおして教えられ学ばれる事柄を総称して「知識」と呼ぶ。それゆえに、一般に知識と呼ばれるものだけでなく、技能や技術、能力や態度などで学校で教えられ学ばれるものをすべて含むものとする。

「太陽は静止していて、地球がその周りを回っている」という知識に代わる。今日では、子どもでもこの知識を知っているのではあるまいか。しかし、ほとんどの子どもはそれを誰かから聞いてそのまま信じているだけであろう。この知識が正しい知識であることを理解して知るためには、一般に意図的・組織的に教えられることを必要とする。

この新しい知識は、通常、日常の生活経験をとおして知られるわけではない。しばしば、日常的な生活経験の非日常的な解釈つまり経験の再構成をとおして知られる。この新しい知識は、当初は、これを発見した人およびその同調者によって正しい知識として受け入れられる。その同調者が増え、その知識に関心をもつ人々のあいだで正しい知識として定着するにつれて、一般の人々にも知られるようになる。この知識は、日常的な知識を覆すものであるから、なぜこの知識が正しいかを示す理論が付随しているのが普通である。学校は、この種の知識を教えるために作られた機関である。ここでは、このように日常的知識に代わって正しい知識とされるものを「学問的知識」(3)と呼ぶことにしよう。

近代の科学的知識は学問的知識の典型である。しかし、学問的知識は科学的知識に限られない。

(3)　近年、学校で教えられる知識を「学校的知識」と呼ぶことがあるが、その場合の「学校的知識」には理屈ばかりで役に立たない知識という意味が含まれていることが多いので、ここではそのような含意を避けるために「学問的知識」と呼ぶことにする。

人間が興味関心をもって追究するすべての問題について、その答えを与えるものは学問的知識となりうる。人間の長い歴史の中でみれば、宗教的知識が学問的知識の典型だったのではあるまいか。哲学や形而上学の分野や多種多様な技術・技能の分野でも、何らかの程度において意図的・組織的な教育を受けてはじめて習得しうる知識があり、その知識を知っている専門家がいる場合、その知識はここで学問的知識と呼ばれるものである。

身分制度の社会においては、学問的知識を学ぶのは、社会の上層身分の人々に限られていた。彼らは、社会を支配するための知識を必要とした。また、学問的知識を知ってこれを楽しむだけの余暇をもっていた。一般庶民には、そのような余暇はなく、また学問的知識は知らない方がよいとされた。彼らが学問的知識をもてば、その社会で通用している日常的知識を批判し、その社会の支配者に反抗するようになると恐れられたからである。一般庶民は、難しいことは考えずに、上層身分の人々に服従することが望ましかったからである。

人間の自由と平等を原則とする社会では、すべての人が（少なくとも通常の大人はすべて）自分の意志に従って自らを律することを原則とする。そのためには、すべての人が正しい知識を知ることが必要である。既存の知識の中に誤りがあれば、これを見いだして訂正するのでなければならない。そうすることによって誤った知識にだまされることなく、正しい知識によって自らを律することができるようになる。そのためには、すべての人が学校教育を受けなければならない。学校教育を受けて正しい知識を理解して知るのでなければならない。

西欧近代の教育学と一般庶民のための学校教育は、この必要に応えることを理念とした。近代教育学の祖といわれるコメニウス（一五九二―一六七〇）は、すべての人にすべての真理を教えるための教育を構想した。また、近代公教育の祖といわれるコンドルセ（一七四三―一七九四）は、誰もが虚偽や偏見にだまされず、自分の基本的な権利を守ることができるようになるために、すべての子どもに（四年程度の）学校教育を保障することが社会の義務だと考えた。(4) 彼らはともに、一般庶民に開かれた学校教育によって、すべての子どもが正しい知識によって自らを律する自律的な存在になることを念願していた。

3　今日の現実

専門家への依存

学校で教えられる知識が本当に正しい知識であれば、そして子どもが学校で教えられる知識を確実に学ぶのであれば、右の理念は実現されたであろう。新しい知識が見いだされるとともに、確実に旧来の誤った知識やそれによって支えられた偏見や誤謬は捨てられていったであろう。し

（4）コメニウス（井ノ口淳三訳）『世界図絵』ミネルヴァ書房、一九八八年（原著一六五八年）、およびコンドルセ（松島鈞訳）『公教育の原理』明治図書、一九六二年（原著一七九一年）を参照。

かし、現実には新しい知識が数多く見いだされはしたが、大半の人々はそれを知ることなく、旧来の偏見や誤謬をもち続けることになっている。あるいは、多少とも教育を受けたために、かえって多くの人々が自ら新しい偏見や誤謬を作り出すことになっている。こうして、社会においては、以前と変わりなく、あるいは以前以上に、誤謬や偏見が蔓延する状態が続いている。なぜこんなことになったのか。学校で教えられる知識が必ずしも正しい知識ではなく、また、たとえ学校で正しい知識を教えても、それを理解して知る子どもが限られていたからである。

学校で教えられる知識は必ずしも正しい知識だとは限らない。学校で教えられる知識は、その教えられる時点で正しいとされている知識ではあるが、しばしば、誤謬や偏見を含んでいる。ときに、あるいはしばしば、人間にとって正しい知識と誤った知識を確実に区別することは困難である。厳密に考えれば、不可能なのかもしれない。正しい知識と誤った知識を区別する確実かつ具体的な基準があるわけではない。したがって、学校教育は、ときにそれとは気づかずに誤謬を教えることがある。我が国の学校教育は、戦前と戦後とでその内容を大きく変えた。今日でも、約十年ごとに学習指導要領が変わり、そのたびに教育内容が微妙に、あるいはかなり大幅に、変わっている。その変化の少なくとも一部分は、誤った知識を正しい知識に取り換えたことによるものである。

加えて、たとえ学校で正しい知識を教えても、子どもがその知識を理解して学ぶとは限らない。子どもは、教えられても理解できないために学ばないことがある。科学的知識（とくに自然科学の知識）はその典型である。(5) 今日、すべての子どもが学校で算数や数学、理科など科学的知識の基礎を学ぶ。ごく初歩的な段階に限れば、かなり多くの子どもがこれを理解して知る。しかし、段階を上がるごとに理解して知る者は減り、ついにはごく少数の人がごく狭い範囲の科学的知識を理解して知るだけになる。そのために、大半の大人は科学的知識の多少とも高度な段階については無知の状態になっている。今日の学校教育は、教育の機会均等（つまり結果の不平等）を原則とすることによって、この状態を積極的に認めている。

今日、正しい知識を自分で理解して知るのは、ごく少数の人に限られる。我々は、日常生活で使っている知識の大半を理解して知っているわけではない。ただ信じているだけである。たとえば、飛行機に乗る前に、飛行機がなぜ空を飛ぶかを理解することなどしない。テレビを見る前に、テレビがなぜ映るかを理解することなどしない。そんなことをしなくても困ることはない。また、そんなことをしていては現代生活を送ることができない。素人は、専門家が発見した真理や開発した技術を信じて、それを利用する。そうすることによって、素人が自律性を侵されているというのであれば、いまや自律性を維持しうる人はいないといわなければならない。

（5）以下では、学問的知識の典型として科学的知識を念頭において考える。しかし、宗教や技術、芸術など他の諸分野の学問的知識についても、多少の修正を加えれば、以下の議論が適用されるであろう。

文明が発達した今日の社会にあって、その文明の恩恵を受けるためにそれを可能にしている科学的知識をすべて理解して知らなければならないわけではない。我々は、今日の文明を成り立たせているほとんどすべての科学的知識を理解して知ることなく、その恩恵を受けるほかない。その点では他人に頼るほかない。これは現代人にとって受け入れざるをえない事実である。(6)

この事情は、科学的知識の素人に限ったことではない。今日、科学的知識（のうち多少とも高度な段階）は、細分化されてそれぞれにごく狭い範囲の専門家だけに理解される専門的な知識として成立している。人間各個人が理解して知ることのできる科学的知識は、そのようにして細分化されたごく狭い分野の専門的な知識だけである。それゆえに、日常生活の全体にわたって考えれば、すべての人がほとんどすべての科学的知識について素人であり、それぞれにごく狭い分野の専門家のあいだで正しいとされる知識を理解しないままに信じて、それに頼ることになっている。

（6）　無政府主義者バクーニン（一八一四―一八七六）は、庶民の教育水準を上げることによって、このような素人と専門科学者の区別および素人の専門科学者への従属を解消することができると主張した。しかし残念ながら、今日、その可能性に賭けることはできない。バクーニン（勝田吉太郎訳）『鞭のドイツ帝国と社会革命』一八八二年（『世界の名著42』中央公論社、一九六七年に所収）を参照。

知識の不確定性

このように素人や隣接諸分野の専門家が自らは理解せずに受け入れることができる科学的知識は、それぞれ当該専門分野の専門家のあいだでは共通に正しい知識として確定しているものでなければばならない。今日、この条件を満たしているのは、自然科学の諸分野（の一部分）の知識に限られる。社会科学の諸分野では、一般に専門分野が成立しているとみなされているにもかかわらず、しばしば、同じ専門分野の専門家のあいだで相反する種々の知識が発見あるいは発明されて、相互にその知識の正しさをめぐって対立している。このような諸分野においては、人々が理解せずに安心して頼ることのできる科学的知識は成立していないといわなければならない。

たとえば、いま話題になっている原子力発電に関する知識を考えてみよ。原子力発電の物理的な仕組みや原子力発電所を作るための理論や技術についてはある程度確定的な科学的知識が成立している。そうであればこそ、あちこちで原子力発電所が作られ、ほぼ計画どおりに運転されているのである。しかし、原子力発電の安全性や経済性については確定した科学的知識は成立していない。この知識については、素人のあいだではもとより当該分野の専門家（を自称する人々）のあいだでも意見が対立している。一方に、原発は他のエネルギー源よりも安全かつ安価であるから、今後もこれを使い続けるべきだという意見があり、他方に、原発は災害の規模や後世への影響を考えれば危険かつ高価であるから、ただちに廃止すべきだという意見がある。なぜこのような対立が生じるのか。

未来を正確に予測することができるほどに厳密な科学的知識が成立するためには、その知識を構成する諸事実が限定され、その諸事実の状態が必要に応じて繰り返し正確に測定されることが必要である。原発の経済性に関する科学的知識が成立するためには、原発の経済性に関係する諸事実がすべて数え上げられ、その各事実についてどれだけの経費がかかるかが正確に査定されなければならない。たとえば、原発の技術開発に要する経費はいくらか、建設地の取得とその維持のためにどのくらいの経費を要するか、廃棄物処理に要する経費はいくらか等々、きわめて確定困難な諸事実とその各事実ごとの経費を確定しなければならない。その確定の仕方如何によって経済計算の結果は大きく変わってくる。そのために、原発の経済性に関する科学的知識は不確実なものになることを避けられない。

原発に関する経済学の専門家は、この困難をどのようにして克服するか。同じ分野の既存の知識なり、大量調査で集めた統計的データや実地調査で集めた質的データなり、偶然の経験や直観なり、役に立つ材料は何でも使って、自分自身に適当と思われる仕方で原発の経済性に関係する諸事実とそれぞれの事実に充てるべき経費を推測する。そうして作られた知識が、各専門家の個人的な知識や期待、思い込みその他様々な条件によって影響されることは避けられない。当然、各専門家によって大きくあるいは微妙に異なった科学的知識を作り上げることになる。

加えて、知識を構成する諸事実の状態が人間が関与することによって変えられる場合には、その人間の関与の仕方を知ることなしに諸事実の状態を確定することはできない。人々が原発は安全だと信じているのであれば、住民対策のための費用は少なくてすむ。しかし、原発が危険だと思われれば、住民対策費用は高くなる。この費用の多寡は、現に原発がどの程度危険なのかということだけでなく、あるいはそれ以上に、人々がどの程度危険だと思っているかということによって影響される。そして、その危険度の思い込みは、その問題の専門家の提供する専門的な知識によって影響される。こうして、ある時点での専門的な知識自体が、その知識を構成する諸事実の状態を変化させ、既存の知識の確実性を失わせることになりうる。

今日、科学的知識が確定せず、専門家のあいだでも論争が絶えない問題は、ほとんどすべてこの種の知識、すなわちその知識を構成する諸事実が多種多様で確定しがたいものであり、しかもその諸事実が人間の関与によって変化するものである。素人は、たぶん、この種の知識を作り上げるために必要な諸事実の確定について一般的には専門家に劣るであろう。しかし、自分自身が経験している事実、自分の周りで起こっている事実、それらの近い将来に予想される状況などについては、専門家以上に正しく知ることがある。あるいは、自分の場合にどの事実をどの程度重視して判断を下すかを正しく知ることがある。このような可能性に応じて、素人は、自分が個人的に知っている諸事実に基づいて諸専門家の提供するいわゆる科学的知識を比較評価して、自分にとってもっとも納得できる知識を選び取ることができる。あるいはそうするほかない。社会で論争になっている問題については、このように各個人が自らの知識に基づいて専門家の提供するいわゆる科学的知識を判断し、自らの行動を決めることができ、またそうするほかないのである。

こうして各個人の選び取る判断、行動が相互に異なっている状況で、国家なり地方自治体なりにおいて何らかの判断・行動を選び取らなければならない場合には、それは政治的方法によって決定されざるをえない。各個人は、以上のようにして選び取った自らの意見を表明することによって、政治的決定に影響を与えることができる。また、影響を与えるべきである。民主主義の社会は、こうしてより多くの人が自らに関係のある事柄について、たんに自己利益を追求するのではなく、自らが確かに知っている証拠に基づいて共通利益になるはずの自己の意見を主張することによって成り立つ。そのためには、右記のような仕方でそれなりに正しい自分自身の意見をもつことが、民主主義社会を成り立たせるために必要である。学校教育によって学問的知識を理解して知ることは、この能力を高めるために役立つ。また、そのかぎりで学校教育はすべての子どもが受ける必要のあるものといえる。

4　今日の課題

知識の集団的選択

ある集団の中で諸個人のあいだに正しい知識をめぐって対立がある場合には、通常は、その対立する人々のあいだで相互批判が起こり、論争が起こる。この論争を無理に強制して止めさせることはできない。無理に止めさせても、それが重要な問題であるかぎりいずれ再発する。だから、とくに必要がないかぎり、正しい知識をめぐる論争は、その知識に関心をもつ人々が気のすむまで続けさせておくほかない。論争する人々のあいだで意見の一致がみられれば、論争は自然に終結する。あるいは、論争に参加する人々がその知識に対して興味関心を失うことによって、論争が終結することもあろう。これが集団的に正しい知識を選択するための基本的な原則である。

知識の学問的探究の場合は、右の原則は常識である。実際、いま学問的知識として確定しているものは、その知識を理解しうる人々のあいだで意見の一致をみたものである。しかし、原発の是非に関する知識のように現実の問題に直接的に結びつく知識の場合には、論争が自然に終結するまで待つことができないことが多い。論争が終結するまで集団的な意志決定をしないのであれば、その時点での現状を維持し続けるほかなくなる。これは、結果として現状をよしとする人々の知識を是認し、現状を否定する人々の知識を拒否することになる。このように現状を維持するか変革するかを迫る知識に関する論争は、自然に終結するのを待っているわけにはいかない。必要なときに必要に応じて決着させることが必要である。

現に論争されている知識について集団的決定が真に必要な場合には、対立する双方が、依然としてその知識については対立しつつ、集団的決定を行うことには合意する状況が出現するはずである。[7] そのときには、またそのときに限って、論争を打ち切って、何らかの仕方で集団的な選択を行えばよい。集団的な選択をするという点で合意が成立しているのであれば、その選択がどの知識に落ち着くにしても、その知識に反対する人々の自律性もそれなりに守られているということができる。

こうして集団的決定をすることに合意が成立したところで、実際に集団としての決定をする場合に、その決定はいかにして行われるべきか。一つの方法は、多数決による方法である。たしかに、いずれにしてもある人々の意見を無視するほかないのであれば、無視される人の数を最小にすることが望ましいと考えられる。しかし、本来、望ましいことは正しい意見を集団の意志とすることである。それゆえに、多数決を行う場合には、その前に、多数意見が正しい意見になるようにできるだけの努力をすることが必要である。

論争はそのための手段である。人々がそれぞれ主観的な意見を主張しても、理性的(8)に相互批判を行えば、徐々に誤った意見は排除され、正しい意見が生き残っていくであろう。その結果、一つの意見で一致すれば、あるいは大多数が同意する意見が見いだされれば、その意見が正しい意見である可能性が高くなる。それほどに優劣が明瞭でなくても、論点が出尽くして意見の相違がどこにあるかが明確になったところで多数決を行うのであれば、後にその決定が正しかったかまちがっていたかを評価することが容易になる。そして、その評価に従って決定し直すことが可能

(7)　集団的決定を行うことの合意が成り立っているか否かを見分ける単純明快な基準はないが、その集団的決定によってそれまでの論争が暴力的対立に転じないことが最低限の必要条件である。

(8)　「理性的」とは、前章の注(2)で述べたように、人間誰もが認める根拠に基づいて相手を説得しようとする態度を意味する。

になる。それゆえに、十分な論争を経て、論争の優劣が明瞭になった時点で、あるいは対立する論点が明確になった時点で、多数決を行うことが望ましい。単純に論争抜きに多数決を行うことは厳に避けなければならない。(9)

以上のようにして、対立する人々が集団的決定を行うことに合意して、しかも多数決であろうとその他の方法であろうと、その集団的決定の方法についても合意した上で、ある選択がなされたとしても、それでその選択の拠り所になっている正しい知識をめぐる対立がなくなるわけではない。集団的決定は、それ自体で人々の論争を終結させるものではない。その後の現実によって、その集団的決定が確かに正しいものであることが示されてはじめて論争は終結する。それが示されなければ、依然として論争が続く。その論争によって、あるいは新しい状況の出現によって、先の決定が誤っていることが分かれば、その決定は再検討される。現実の世界では、確実には確定されない知識についてはそのようにして試行錯誤を繰り返すほかない。しかし、論争そのものは、そのような集団的決定とは別に自然に決着するまで、すなわちその論争に関心をもつ人々のあいだで意見が一致するまで、あるいはその論争に関心をもつ人がいなくなるまで、続けられて

(9)　人々の意見が一致しないところで集団的決定をする方法として多数決以外にも多様な方法がある。たとえば、能力のある人物を選んで、その人々に決定を委ねることも考えられる。間接民主制の場合は、ある程度は実質的にこの方法になっている。

よいし、また実際に続けられる。人間が自律的な存在であるかぎり、これは当然のことである。

教育と政治

自律的な存在たる諸個人が異なる知識を支持して対立しているときに、政治が果たすべき第一の役割は、その対立する人々の平和的な共存を図ることである。人々の対立が厳しくなれば、対立は言論上の論争にとどまらず、武力を用いた闘争にまで発展する可能性がある。政治は、人々の対立がそのように暴力化することを防ぎ、社会秩序の維持に努めなければならない。そのために必要なことは、誰もが自由に自己の意見を表明できるように保障することである。そしてまた、誰もが自由に自らの意見を選び、また選び直すことができるように保障することである。つまり思想良心の自由、表現の自由を守ることである。この点でとくに重要なのは、少数意見を保護することである。多数意見は、その自由な表明を保障しなくても、自由に表明されるのが普通である。それに対して、少数意見は、たんに言論によって批判されるだけでなく、しばしば社会的・心理的に抑圧され、ときに暴力的に攻撃されることがある。この種の自由な意見表明を抑圧する状態を許さないことが、政治の重要な役割である。

政治のもう一つの役割は、集団としての意志統一を図る必要があるときに、そして確かにあるときに限って、政治的に合法な仕方で集団的な意志決定を行うことである。先に述べたように、集団的な意志決定をせずに時を経過すれば、実質的に対立する意見の一方に荷担し、他方を無視するという結果になる場合がある。あるいは、新たな事態が出現して、その事態に対応するために集団として何らかの対策を講じなければならないという場合もあろう。いずれにしても、集団的な意志決定が必要なときには、確実に集団的な意志決定を行うことが政治の役割である。

そのために政治は、集団的な決定をすることに人々の合意を得、その決定の方法について合意を得、そして実際にその方法に従って集団的な意志決定をしなければならない。そして、その意志決定に従って具体的な行動を取らなければならない。ただし、先に述べたように、こうして得られた集団的決定は、その時点での決定であって、後に問題が起これば、あるいは事情が変われば、改めて決定し直されるべきものである。集団的な決定は、けっして自律的な人々の意見の対立を解決し、論争を終わらせるものではない。論争は、論争する人々が意見の一致に至るか、その論争に関心を失うか、いずれかでなければ終結しない。論争を政治的な決定によって強制的に終結させることはできない。

この点において、教育は政治とは異なる役割を果たす。教育においては、特別の事情がないかぎり、人々の意見が多様であるときに、これを無理に集団的に統一する必要はない。たとえば、原発の是非について、現実の社会では、ある時点で原発の是非を集団として決め、その社会の構成員すべてがその集団的決定に従うのでなければならない。しかし、教育の場では、無理に集団的な決定をする必要はない。人々のあいだに多様な意見があるのであれば、教育においてはその多様な意見を紹介して、未だどの意見が正しいか確定していないと教えることができる。教育は、正しい知識を教えることをめざす。それゆえに教育は、正しい知識が未だ確定せず、多様な意見が論争しているのであれば、その論争状態を教え、その中から教えられる者が自分自身で正しい知識を選びうるようになることをめざすほかない。この点で、必要に応じて適切に集団的な意志統一を図る政治と自律的な存在を形成することをめざす教育とは、厳格に区別されなければならない(10)。

5　学校教育の課題

学校教育の責務

学校教育は、自律的な存在を形成することをめざす。自律的な存在は、正しい知識に従って自分自身を律するのでなければならない。日常生活の諸経験は、ときにあるいはしばしば、誤った知識を教える。また、日常生活の諸経験だけでは学びえない知識も少なくない。学校教育は、意図的・組織的な教育をとおして、子どもが正しい知識を理解して受け入れ、その正しい知識に従って自らを律するようになることをめざす。そのために学校教育は何をどのように教えればよいのか。

(10)　政治と教育の違いについては、次章でもう少し詳しく検討する。

安定した知識が確立している分野については、学校教育で何を教えるべきかという問いに答えることはさほど難しくはない。安心してその知識を教えればよい。ただし、知識の種類あるいは範囲は広大であり、各知識の高さないし深さの程度もまた多様であるから、どの知識をどの程度まで教えるかということが問題になる。この問題については、子どもの成長発達と進路選択の必要に応えることを原則として、現実的・実用的な見地に立って選べばよい。

まず知識の種類あるいは範囲は、子どもの成長発達の観点からみれば、子どもが興味関心をもつものであり、理解して学びうるものであり、そしてまた、その後さらに多くの知識を学びたいという意欲を高めるものであることが望ましい。また、子どもの進路選択の観点からみれば、子どもが大人になったときに自分の専門分野として選び取ることが予想されるものを選べばよく、子どもの選んだものを子どもが理解しうる程度まで教えればよい。ただし、子どもにできるだけ多様な進路を開いておき、さらに積極的に各自の興味関心の範囲を広げることが望ましいので、幼いときには応用範囲の広い知識の基礎・基本を共通に教え、学年が上がるにつれて各個人の興味関心に合わせて適当に選択して学習することができるようにすべきであろう(11)。

安定した知識が確立していない分野については、右の基本原則に加えて、相互に対立する知識をどのように教えるかという問題が出てくる。しばしば、学校教育は対立する諸知識については

(11)　学校教育で教えるべき知識については、さらに詳しい検討を必要とするが、ここでは省略する。

中立でなければならないといわれる。この原則は正しい。ただし、「中立」という語の意味を正しく捉えなければならない。対立する諸知識について一つの中立的な立場を見いだして、その立場を教えることが中立であると解されるならば、それは誤っている。知識の相違がたんに相違であって対立でないときには、そのような中立な立場を見いだすことができるかもしれない。しかし、対立する場合には、そのような中立な立場を見いだすことはできないであろう。共通点が見いだせないから対立しているのである。共通点があって、その共通点だけを教えるのであれば、それは正しいことが確定した知識を教える場合に該当する。この場合は、右に述べた基本原則に従えばよい。(12)

政治的な支配者や文化的な権威者は、ときに、否しばしば、正しい知識を自分の考え方に従って統一しようとする。しかし、そのようにして得られた統一は、その支配者なり権威者なりの勢力が弱まれば崩れてしまうものであり、知識の真偽に関しては無用なことである。教育はこれらの勢力に従う必要はない。すでに述べたように、多少とも長い目でみれば、知識の統一は、その知識に関心をもって理解する人々の自発的合意によってのみ成立する。自発的合意のみが知識の真偽を決める現実的・具体的な方法である。教育は、この方法に従うことができるし、また従うべきである。

(12)「中立」の意味については、次章でやや詳しく論じる。

学校教育は、現に対立する知識があり、それを教える必要がある場合には、各個人が自分自身で正しい知識を選び取ることができるようになることをめざすのでなければならない。そのために、教師は相互に対立する知識を可能なかぎり正確に理解して、子どもにその比較検討をする機会を提供することが必要である。現に対立があるにもかかわらず、そのうちのいずれかを正しい知識として確定しているかのように教えてはならない。人間は、ともすれば政治的な支配者や文化的な権威者のいうがままに流される。あるいは逆に、自分自身の一時的・主観的な見方に流される。自律的な存在は、この流れに抗することができるのでなければならない。

それゆえに、学校教育は、既存の知識を疑うことなく覚え込ませるという仕方で教えるのではなく、その知識がなぜ正しい知識なのかを理解して受け入れるという仕方で教えることが必要である。そのために、学校教育は、ときにあるいはしばしば、実用性を無視して知識を系統的に教えることに傾き、結果的に、知識の実際生活への応用を軽視してその理論的理解を重視することになる。これは、以上の学校教育の責務を考えるならば、当然のことである。

学校教育の難しさ

子どもは日常生活の諸経験をとおして多くのことを学ぶ。その中には、大人は教えるということを意識せずに教え、子どもも学ぶということを意識せずに学ぶことが少なくない。大人が意識して教える場合にも、基本的に大人の必要に応えるために教える場合が多い。たとえば、子どもが知っていなければ大人が困るから、子どもができなければ大人が困るから、つまり、大人が子どもと共同生活を営む上で必要であるから、教える。そのように実際生活の必要上、大人が子どもに教えるときには、大人は、自分自身が受け入れている知識をそのとおりに子どもに教えるはずである。この場合、教えている知識が正しい知識か否かという問いは起こらない。大人は、素直に自分自身が正しいと思う知識を教える。

教師が学校で子どもに対して意図的・組織的に知識を教える場合には、事情が変わってくる。教師は、教師自身にとって必要だから教えるのではなく、子どもにとって必要だから教える。教師は現に自分が生活の中で使っている知識を教えるのではなく、子どもが将来使うようになるはずの知識を教える。それは、多くの場合、社会で一般的に正しいとされている知識である。その知識が教師自身が日常生活で現に受け入れている知識、つまり自分が主観的に正しいと思っている知識と一致するのであれば、問題はない。しかし、しばしば微妙にあるいは大幅に異なり、ときには明瞭に対立することがある。この場合、教師は、自分が現に受け入れている知識と社会で一般的に正しいとされている知識とのあいだで選択を迫られる。これは、学校教師に特有の問題である。

学校教師は一般的に正しいとされている知識を教えるべきか、それとも自分自身が正しいと思って受け入れている知識を教えるべきか。一般に我々が主観的に正しいと思っている知識は、単純に直感的に正しいと思われるけれども、それを理論的に説明することは容易ではない。つまり、先にあげた日常的知識になっている。しかし、一般的に正しいとされている知識には、その背後にそれぞれの知識分野の専門家がいて、その知識が正しいことを示す専門的な理論がある。つまり学問的知識となっている、あるいはいつでもなりうるものである。教師が自分の正しいと思う知識を教えるためには、その学問的知識を批判して、自分の受け入れている知識が正しい知識であることを証明しなければならない。つまり、自らの主観的に正しいと思っている知識を改めて学問的知識として組み直さなければならない。そのためには当該の専門分野の専門家にならなければならない。これは容易にできることではない。そのために教師の多くは、一般的に正しいとされている知識を教えることになる。

とくに公教育の一環として行われる学校教育の場合、しばしば、その時その時の政府が学校教育で教えるべき正しい知識を指定する。政府がある知識を正しい知識として指定すれば、ただちにその知識が正しいことを理論的に証明する専門家が出現する。あるいは逆に、専門家の方が政府に働きかけて、自分が正しいと思っている知識を学校教育で教えるべき正しい知識として指定してもらうこともあろう。ほとんどの教師にとって、この種の専門家に対抗しうる程度に専門家になることは困難あるいは不可能である。そのために、多くの場合、学校教育においては政府によって指定された正しい知識が教えられることになる。

これは奇妙な事態である。そもそも学校教育は、子どもに正しい知識を教えるために作られた機関である。人々にとって常識になっている日常的な知識には、しばしば、誤謬や偏見が含まれている。学問的知識は、これを訂正して正しい知識に置き換えるはずのものである。学問的知識が確かに正しい知識であるならば、学校教師は、安心してその知識を教えればよい。しかし、学問的知識といえどもつねに正しいわけではない。ときには、否、分野によってはしばしば、複数の学問的知識が正しさをめぐって競い合っている。あるいは、新たな学問的知識が入れ替わり立ち替わり出現している。その時その時の政府は、それら多くの学問的知識の中から適当なものを正しい知識として指定して、これに従って教育することを教師に求める、あるいは強制する。そして、しばしば、教育が誤った方向に歪められる。そうであればこそ、日本は神国だという虚構が国民の大半によって事実として信じられ、戦争に大敗するまでその誤りに気づかないということが起こりえたのである。学校教育にはつねにこの危険がつきまとう。

学問的知識は、既存の知識の欠点を見いだして、これを修正することを使命とする。そのかぎりで、より新しい学問的知識は、その時点では、もっとも信頼するに足る知識である。これが学問的知識の原則である。しかし、現実にこの原則が通用するのは、自然科学の分野（の一部分）に限られる。社会科学の分野では、しばしば、学問的知識自体が相互に対立している。近い将来（たぶん遠い未来にも）、この状況が解消するとは考えられない。先に述べたように、この知識の不安定性は、学問の性質によって起こるのであって、学問の未熟のゆえに起こるのではない。

正しい知識が確定せず、つねに対立が生じる学問分野では、各個人は自らの判断に基づいて、正しいと思われる学問的知識を選び取るほかない。安易に新しい知識に飛びつくべきではない。

教育に関する知識つまり教育理論も同様である。否、教育理論はさらに安定性に欠ける。一般に教育理論の真偽を判断する証拠は十年、二十年後にしか出現しないにもかかわらず、その証拠が現れるはるか以前に、教育理論は訂正あるいは変更されている。そのような不安定な理論に振り回されてはならない。学校教師は、頻繁に作り変えられる教育理論を批判検討して、自らが理解して是認できるものを選ぶのでなければならない。選ぶことが難しいのであれば、むしろ常識に、つまり日常的知識に頼るべきである。新しい教育理論は、自らが理解して確かに正しいと信じられるときにのみ取り入れるべきである。

ときに、自分が主観的に正しいと思っている知識に過剰な自信をもっているために、社会で一般的に正しいとされている知識も世間一般の日常的知識も無視して、もっぱら自分の支持する主観的な知識を（あるいは主観的な教育理論に従って）教えようとする教師がいる。この教師には、この項の記述は該当しない。この教師にとっては、むしろ社会で一般的に正しいとされている知識や世間の日常的知識に注意を払って、自らの知識が主観的な偏見に陥らないように注意することが必要である。いずれにしても、現に多様な知識が存在するにもかかわらず、教師が十分な批判的検討もせずに一つの知識に依拠することは厳に慎まなければならない。

学校教師の責任

我々は、一般に、自分の受け入れている知識が正しいか誤りかを自分自身で判断することは難しい。自分の知識が誤っていることが分かれば、それを捨てて正しい知識に置き換えるから、その時その時に受け入れている知識はすべて正しい知識と思われるものである。すなわち、人々の受け入れている知識はすべて、その当人にとって主観的には正しい知識である。しかし、それが客観的にも正しい知識だとは限らない。他人にも正しい知識として受け入れられるとは限らない。

学校で子どもが学ぶ知識は、まさにそのようなものである。子どもは学校で多種多様な知識を教えられる。教師が巧みに教えるならば、すなわち、子どもが理解しないままに覚え込ませる、あるいは反対するにもかかわらず無理に押しつけるような教え方をせず、子どもが理解するように工夫して教えるならば、子どもは教えられた知識を正しい知識として受け入れるであろう。したがって、教師の意図どおり教育が成功したときには、子どもが学校で学んだ知識はすべて子どもにとって主観的には正しい知識になっているはずである。しかし、それが客観的にも正しい知識であるとは限らない。子どもは、自分が学んだ知識が正しい知識なのか誤った知識なのかを確実に区別することはできない。

子どもは、教師から学んだ知識が正しいか否かを確実には知りえないだけでなく、そもそも教師が正しい知識を教えようとしたのか誤った知識を信じ込ませようとしたのかを確実に区別することもできない。少なくともできないことが多い。教師が自分自身誤った知識だと知っていて、それを子どもには正しい知識だと信じ込ませようとしても、やはり工夫して教えれば、子どもはそれを正しい知識だと思って受け入れることがあろう。教師が十分に巧みであれば、教師の真意を子どもは見抜くことができないであろう。子どもは誤った知識を正しい知識だと偽って教えられて、しばしば、それを正しい知識と信じてしまう。

　しかしながら、その知識を教える教師自身にはこの区別ができる。教師にも、自分が教えている知識が本当に正しい知識なのか否かを確実には知りえない。しかし教師は、少なくとも自分自身に正しいと思われる知識を子どもに教えているのか、自分自身には誤っていると思われる知識を正しい知識として子どもに信じ込ませようとしているのかを区別することができる。区別できるだけでなく、たいていの場合は実際に区別している。これを区別しないのは、誰かに教えよといわれたことをその真偽にかかわらず何でも子どもに信じ込ませることが教育だと誤解している教師に限られる。これは、広告宣伝をことをするテレビ・タレントのように、演技者・伝達者として自己規定している教師である。しかし、こんな教師は稀であろう。また、こんな教師であってはならない。

　教師は、子どもに正しい知識を教えなければならない。正しい知識が確定しているのであれば、その知識を教えればよい。しかし、正しい知識が確定していない場合も少なくない。その場合には、教師は、自分が教えている知識が正しいか否かを確実には確定することができない。そうだとすれば、教師は、自分自身が自律的であるかぎり、自分に正しいと思われる知識を子どもに教えるほかない。自分が誤っていると思われる知識をあたかも正しい知識であるかのように教えるのは、教育ではない。それは心理的誘導であり、もっと率直にいえば、だましである。

教育は正しい知識を教えることを原則とする。正しい知識は、人間なら誰でもそれに気づきさえすれば受け入れる知識である。教育は、それにすでに気づいている者が未だ気づいていない者に気づくように手助けする営みである。何が正しい知識であるかが教師に確実に分かっているのであれば、問題はない。しかし、教師には、否、人間には一般に、正しい知識を確実に知ることはできない。しかし、教師は、自分が子どもに知識を教えているとき、それが自分には正しい知識と思われるか、したがって自分自身その知識を受け入れ、その知識に従って生きているか、それとも自分には正しい知識とは思われないか、したがって自分自身はその知識を受け入れず、その知識に従って生きてはいないか、という区別をすることはできる。ときにこの区別自体明確には下せない場合もあろうが、多くの場合は区別できる。区別できなければ、せめて区別できる程度までは考えるべきである。その上で、少なくとも自分には正しいと思われる知識だけを教えるべきである。これをなすことが学校教師の最低限の責任である。(13)

(13) これを可能にするためには、今日の教育行政のあり方を根本的に改める必要がある。この点については次章で論じる。

第七章　教育と政治

1　問題

今日しばしば、子どもの教育の第一義的責任は、親（あるいは親に代わる保護者）にあり、公教育は、この親による教育を支援するものだといわれる。単純にこういってしまうと、親は自分の好きなようにわが子を教育してよいのであって、公教育は、その親の個人的要求をできるだけ忠実に支援すべきだということになりうる。かつて世情をにぎわせたモンスター・ペアレンツは、素直にこの考え方を実行していたのかもしれない。いま新自由主義的発想によって教育制度を改革しようとする人々も、同じように考えているのかもしれない。

しかし、まったく逆の考え方もありうる。たとえば、子どもは親の子どもではなく、神からの授かりものである、だから親は、神の望むようにわが子を育てる責任を負うという考え方がある。あるいはまた、子どもの教育の成否は親にとってよりも社会にとって重大な影響を及ぼす、それゆえに、社会が子どもの教育に責任をもたなければならないという考え方もある。(1)このような考え方に立てば、教育はすべて公的であるということができる。

教育はすべて公的であるという考え方を単純に解するならば、教育はすべて国家が統制すべきだと考えられるかもしれない。その場合には、教育は、国家が自ら行うことを原則とし、私立学校は特別の許可がある場合にだけ許されることになる。(2)さらに徹底すれば、家庭教育についても、統制できるかぎりは統制しようということになりうる。(3)

しかし、必ずしもそう考えなければならないわけではない。教育はすべて公的なものであるけれども、そのための統制は教える者（親や教師）が自主的に行うべきだと考えることもできる。その場合には、公教育制度を維持するのは国家の責任であるが、教育内容は教育の専門家ないしは親が決めるべきだと考えられる。(4)今日でも、私教育ではこれが実態である。同じ考え方を公教

(1)　前者はロック（一六三二―一七〇四）の、後者はルソーやデュルケムの教育論にみられる。

(2)　かつて、旧教育基本法第六条の「法律に定める学校は、公の性質をもつ」という文言をこの意味で解されていた。教育法令研究会編『教育基本法の解説』一九四七年（鈴木英一編『教育基本法の制定（教育基本法文献選集1）』学陽書房、一九七七年に所収）を参照。

(3)　二〇〇六年の教育基本法改定以来、この傾向が進んでいるようにみえる。

(4)　この考え方は、コンドルセやジョン・スチュアート・ミル（一八〇六―一八七三）の教育論にみられる。

育にも適用することができる。公教育であっても、可能なかぎり教える者の自主的な規制に任せ、国家による規制は必要最小限度に限定することができる。本章では、このような観点に立って、教育と国家ないし政治との関係を検討する。(5)

2　教育と政治の違い

教育と政治の違いはどこにあるか。ときに、政治は、諸個人間あるいは諸集団間の利害を調整して社会の秩序を維持することをめざし、教育は、その秩序ある社会の中で人間をよりよい人間に育てることをめざすものだといわれる。たしかに、現実の政治は、特定の個人なり集団なりが自らの個人的ないし集団的な利益を得るための活動になっていることが多い。しかし、それは堕落した政治である。政治における対立は、現実には、しばしば自己利益の対立になっているにし

(5)　政治的統制を行う機関は、国家に限られない。国家内の地方自治体も、国家を越えた国際連合その他の国際機関も、政治的機関である。しかし、今日の世界においては、そして我が国においてはとくに、国家が重要な地位を占める。地方自治体や国際連合等による政治的統制は、通常、国家による政治的統制に従属するからである。本章は、直接的には国家による政治的統制を問題にするが、同じ議論が地方自治体や国際連合等国際機関による政治的統制についても当てはまることを予想している。

ても、理想的には、よりよい社会のあり方についての対立であり、よりよい人間のあり方についての対立である。政治も、その理念においては、よりよい人間の形成をめざしている。そうであればこそ、政治もまた、まじめな人間が真剣に立ち向かうべき、人間にふさわしい仕事となりうるのである。

多少とも原理的に捉えれば、教育も政治も人間をよりよい状態にしようとする点で違いはない。しかし、違いがないわけではない。両者の本質的な違いは、政治は強制を用いるが、教育は強制を用いえないところにある。

政治は、その理念を達成するために必要ならば、強制する。強制して人々に一定の生き方をさせる。政治が、隣国との戦争を決定すれば、国民はその戦争に参加することを強制される。徴兵制が敷かれれば、該当者は徴兵される。それを逃れるためには、法に違反するほかない。教育は、強制によってはなしえない。教師が子どもに隣国と戦争することは正しいことだと教えても、子どもがそれに納得しなければ、どうすることもできない。教師が子どもに兵隊になることは国民の義務だと教えても、子どもがそれを否定してしまえば、どうすることもできない。強制によって、子どもに何が正しいことか分からせることはできない。

そもそも、教師が何かを教えれば、子どもが教えられたとおりに理解して受け入れるのはなぜか。その何かが教師と子どもの両方にとって共通に理解して受け入れられるものだからである。教師は、自分自身が受け入れていることであればこそ、自分を偽ることなく子どもに教えることができる。また、その同じことを子どもも受け入れることが必要だと思えばこそ、まじめに工夫して教える気持ちになる。そしてまた、自分が理解していることであればこそ、子どもの様々な疑問に対して適切に説明することができる。そのようにして教師が真剣に教えればこそ、子どもは教師の教えることを理解しようと努め、幸運に恵まれれば、理解して受け入れることができる。これが可能なのは、もともと教師が教えることが子どもにも受け入れられることだからである。

仮に教師が自分は受け入れていないことを子どもに教えるよう強制されたとしてみよ。教師は、自分の心を偽るのでなければ、それを子どもに教えることはできないであろう。仮に教師が理解していないことを子どもに教えるよう強制されたとしてみよ。教師は、決まりきった仕方で説明することはできても、子どもの様々な疑問に適切に答えることはできないであろう。仮に教師がそもそも子どもには受け入れられないような事柄を教えたとしてみよ。子どもは、教師にだまされるのでないかぎり、教えられたことを受け入れはしないであろう。

子どもが学びうることは、原理的には、子どもが自分自身で知ることのできる事柄である。実際には、幸運に恵まれなければ自分では知りえないことが多いので、教師が手助けをしているのである。自分の理解してもいないことを教える教師に、適切な手助けをすることはできない。強制によって教育を行うことは不可能である。(6)

(6)　この点は、第一章で論じた。

政治は、そうしようと思えば、教師が教える内容を統制することができる。統制に反する教師を辞めさせることができる。意図的にであろうと無能のゆえにであろうと、命じられた内容を子どもに教えることができなかった教師を辞めさせることもできる。そのような強制が行われる場合には、教師は、自らが理解せず受け入れてもいないことでも子どもに教えなければならないことになる。このとき教師にできることは、せいぜい、子どもに強制して都合のよい答えをするように習慣づけることである。子どもが自分自身で理解して受け入れるよう工夫して説明することなど、とうていできない。もしできるとすれば、そのとき教師は、子どもを教えているのではなく、巧みにだましているのである。これは、教育を動物の調教と同じようにみなすものであり、とうてい言葉の本来の意味で教育と呼ぶことはできない。本来の意味での教育は、政治が命令することを教師が伝達するところでは成り立たない。

我々は、教師が本来の意味での教育を行うことを求めるのか、それとも政治の決定のままに調教者になることを求めるのか。前者を選択するのであれば、教育を政治的に統制してはならない。後者を選択するのであれば、政治的統制は許されるが、理解して受け入れるという意味での教育は不可能になる。教育の政治的な統制は、言葉の本来の意味での教育を不可能にする。

3　公教育の政治的統制

教育が動物の調教まがいの営みに陥らないためには、教育は、教育する者自身によって自己規制されなければならない。教育する者以外から強制的に統制されてはならない。このことは、しかし、国家による教育の政治的統制がいっさい無用であるということを意味するわけではない。国家は、国家に固有の任務を果たすために必要であるかぎりにおいて、教育を統制することが許される。それは、教育本来のあり方を歪める可能性がある。そのときには、教育の要請と国家の要請とのどちらを優先させるかを考えなければならない。

これは何も教育に限られない。学問研究において、各研究者は自由に自分の研究テーマを設定し、自由にその研究を進めることができる。学問研究は自由であることが原則である。しかし、遺伝子操作や臓器移植あるいは大量破壊兵器の開発などのように、人間生活に重大な影響を与える研究については制限されることがある。本来は、各研究者が自己規制すべきであるが、現実に自己規制できないことがあるために、やむをえず政治的な統制が必要になるのである(7)。

人々の平和的共存を確保するために社会の秩序を維持することは国家の任務である。政治的統制はそのための手段である。教育も、社会の秩序を維持するために必要なかぎりにおいて、政治的統制を受け入れなければならない。教育者の恣意的な行動が国家の秩序を破壊し、世界の平和と安全を損なうのであれば、それは許容されない。そのかぎりで公教育は政治的に統制されてよい。公教育の政治的統制は、教育本来のあり方に反するにもかかわらず、社会の秩序を維持するために必要とされるのである。

公教育は多様な考え方の平和的な共存を前提にして成り立つ。それゆえに、現に国民のあいだに考え方の対立があるときに、社会では、それら多様な考え方の自由な表現を許しながら、しかもそれで社会の秩序が維持されているにもかかわらず、公教育においてその多様な考え方の中の一つだけを教えるように統制することは許されない。

政治的決定は、そうしようと思えば、いくらでも詳細に教育内容を限定することができる。政府を構成する政党が原子力発電の存続を政策理念とし、公教育においてその理念を教えることを望むならば、国会においてそれを可能にする法律を決めることができる。あるいは、中央教育審議会等を巧みに操縦して学習指導要領を変えることができる。しかしそれは、現にいま争点になっている様々な考え方を無視して、たまたまいま政治的な支配権を握っている人々の考え方だけを、公教育をとおして新しい世代全体に教え込もうとするものである。これは、教育をとおして国民

（7）　その統制の方法は多様でありうる。誰であれ特定の研究をすることを法律で禁止する、研究は許すがその公表は禁止する、公的機関（民間でも公的援助を受けている機関を含む）での研究を禁止する、研究の仕方を規制する等々、研究の内容に応じて適切な方法が考えられる。教育の場合も同様である。

の考え方を統制しようとするものである。これは教育を政治に従属させるものであり、人間の教育を動物の調教に転じるものである。

多様な考え方がその正しさをめぐって対立しているとき、どの考え方が正しいかを決めることは政治のなすべきことではない。しかし、社会としていずれか一つの考え方を採用して、その社会成員すべてがその考え方に従うことを必要とする場合には、政治的な統制が必要となる。たとえば、原子力発電の是非について考えてみよ。原子力発電が他の発電方式よりも技術的にも経済的にも優れているのか、それとも劣っているのかということが問われる場合には、各個人が自分の納得する考え方を受け入れればよい。この問題に政治的な統制が介入することは無用である。しかし、国家として原子力発電を継続するか廃止するかということが問題になる場合には、そうはいかない。この問題については国家としてどちらか一方の考え方を採用するほかない。そして、その考え方に従うことを（その考え方に対する反対者を含めて）すべての人々に強制するほかない。このような集団的な意志決定をすることが政治的統制の任務である。

政治は、集団として一つの考え方を採用するほかないときに、人々の多様な考え方の中から一つを選んで、その集団の構成員すべてにその考え方に従って生きることを強制する。そのように強制したからといって、その考え方自体が正しくなるわけではない。もしもその考え方が正しかったのであれば、その賛成者が意図していたとおりのことが起こり、もしその考え方が誤っていれば、意図していなかったことが起こる。反対者の考え方についても同様である。そうすることによって、先の政治的決定が正しかったのか否かが明確になり、それに応じて先の決定が維持されたり、変更されたりする。現実は、このような試行錯誤によって進むほかない。政治は、そのための手段である。

教育の任務は政治の任務とは異なる。教育は、多様な考え方が相互に対立していて、未だどの考え方が正しいか確定していない時点で、いずれか一つの考え方を採用して、その考え方に従って教えるなどということをする必要はない。教育においては、現に正しい考え方が確定していないにもかかわらず、いずれか一つの考え方を採用して、他の考え方を無視する必要はない。正しい考え方が未確定であれば、未確定であるということ自体を教えることができる。また、教育が先に述べた本来の意味での教育であるかぎり、教師はそのような仕方で教えるほかない。

公教育において国民の意志を尊重することは重要である。しかし、特定の時点に特定の方法で確認された国民の総意（しばしば多数意志）をただちに国民の意志と同一視してはならない。国民の意志は固定した一つのものではなく、多様かつ変化してやまないものである。国民の意志は、通常は、統一されていない。強制してでも国民の意志統一を図る必要がある場合には、政治的手続きによって国民の意志を決定するほかない。しかし、無理に統一する必要がない場合には、国民の意志は多様かつ可変なままに維持されなければならない。これを統一するのは、国家の任務を果たすために必要不可欠の場合にとどめなければならない。

一九四七年に制定された旧教育基本法は、「教育は、不当な支配に服することなく、国民全体に対し直接に責任を負つて行われるべきもの」（第十条）と規定して、国民の考え方が多様かつ可変であることを前提にして、教育がその国民の意志に直接に応えるべきことを示していた。(8) しかし、二〇〇六年末に改定された新教育基本法は、右の規定の前半だけを残して、後半の文言を「この法律及び他の法律の定めるところにより行われるべきもの」（第十六条）と改めた。この規定は、教育問題についても他の一般的な問題と同じように、多様な考え方があればその内容が何であれ政治的手続きによって統一することを正当化することになりかねない。

今日の我が国では、学習指導要領によって学校教育の内容・方法の大綱を決めている。公教育において教育内容の多様性がある程度は制限されることを考えれば、このこと自体は不当だとはいえないであろう。しかし、その大綱の決め方如何によって、あるいは教育の地方自治を根拠にしてさらにその細部を地方で決めることによって、教育が政治的に統制される危険性がある。近年の教育行政には、政府の裁量の範囲を拡大して、時の政府の思いつきによる教育改革がただちに学校現場を動かす傾向が現れている。また最近では、国民のあいだに多様な考え方があり、政治上の争点になっている事柄について、教育内容を統制して国民（や地域住民）の意志統一を図

(8) ただし、この条文の表現はあいまいであり、また解釈に混乱があったために、この意味が十分に明確にならなかった。この点については、拙稿「公教育と国民教育——教育基本法の国民教育的性格」（『宇都宮大学教育学部紀要』第45号、一九九五年）を参照。

ろうとしさえしている。新教育基本法はこのような近年の傾向を合法化する危険性がある。

4　公教育の中立性

中立な教育内容

国民の意志は多様かつ可変である。その多様な諸意志が平和的に共存する場合には、あえてその統一を図る必要はない。しかし、国家として一つの意志をもつ必要がある場合には、政治的な手段によって一つの意志を選択し、国民全体をその意志に従わせるほかない。これが政治の任務である。教育は、その時その時の必要に応じて決定された国家としての統一意志に子どもたちを従わせることをめざすのではない。教育は、国民の意志が多様かつ可変である社会において、自律的に生きることのできる人間の形成をめざす。したがって、教育は政治に従属してはならない。この点は、従来から、公教育の中立性の原則として受け入れられてきた。しかし、「中立」という語の解釈如何によっては、この原則が教育の政治への従属を正当化してしまうことがある。以下、この点に注意して、公教育の中立性を維持するための具体的な方策を考えることにしよう。

学校で相互に対立する考え方がある事柄を教える場合、公教育の中立性は、どのようにして維持されるか。何も教えない、つまり対立する考え方のある事柄は教育内容から排除するというのが一つの方法である。今日、我が国の公立学校の多くで宗教についてほとんど何も教えないのは、その一例である。この方法は、公教育が偏った考え方を教えることはしないという点で積極的に中立性を侵すことはない。しかし、社会に偏見があるときには、その偏見を放置するという点で消極的に中立性を侵すことになりうる。

一般に対立する考え方の一方が圧倒的な多数を占め、他方がごく少数派である場合には、前者の後者に対する無知や誤解による偏見が生まれることが多い。多様な考え方が平和的に共存することをめざす社会は、この種の偏見をなくすことが必要である。そのためには、公教育は多数派の少数派に対する偏見をなくすために、積極的な役割を果たすことが必要である。多数派の考え方の中に少数派に対する偏見があること、その偏見が少数派の考え方についての無知ないし誤解に基づいていることを教えなければならない。これは、けっして公教育の中立性を侵すことにはならない。

ただし、社会における考え方の対立が厳しくて学校で冷静な比較検討を行いえない状況では、学校でその問題を取り上げることによって学校の平和的秩序が壊されることがありうる。この場合には、学校が闘争の場ではなく教育の場であることを確保するために、学校ではその問題に触れないという選択もせざるをえないであろう。あるいは、その問題が子どもには興味関心のわかないもの、または子どもには理解できないものであれば、やはり学校ではその問題を取り扱わないということがあってよい。

相互に対立する考え方が学校で取り上げうる程度に平和的に共存している状況で、その対立が子どもの興味関心を呼び、また理解可能でもあるならば、その問題は学校でも教えられるべきである。その場合、どのようにすれば、公教育の中立性は維持されるか。しばしば、相互に対立する考え方の争点を避けて共通部分だけを教える、あるいは争点を示してもその比較評価はしないという教え方が提唱される。たとえば、多種多様な宗教宗派について、その共通点だけを教えるが、相違点や対立点には触れない、あるいは触れても比較評価はしないという方法である。

相互に対立する考え方のいずれにも偏らない一つの中立な考え方を見いだすことができるのであれば、この方法を実行することができるであろう。しかし、多くの場合、中立な考え方は見いだされない。たとえば、宗教教育であれば、すべての宗教宗派に共通の宗教的情操とでも呼ぶべきものを教えればよいといわれることがある。しかし、その宗教的情操の具体的内容が明確にされたことはない。とくに宗教に関しては、宗教を人生にとって重要な意味をもつと考える宗教肯定論と宗教を弱者をだます幻想にすぎないと考える宗教否定論とがあり、宗教教育の中立性を守るのであれば、この二つの考え方を無視するわけにはいかないであろう。しかし、この両者に共通な宗教的情操など考えられないのではあるまいか。

仮に中立な考え方が見いだされるのであれば、あるいは見いだされる問題については、その中立な考え方を教えればよいといえるか。たとえば原発の是非を考えてみよ。原発の是非で対立する人々も原発を可能にした技術的な知識やその経済性を考えるための基礎的な知識については共通なものがあるはずである。この共通部分だけを教えて対立する部分については教えないことが望ましいか。あるいは、対立する部分を教えても、情報として提示するだけで、どちらの考え方が正しいか比較評価することはしないことが望ましいか。

たしかにそれで教育の中立性は維持されるかもしれない。しかしそれでは、子どもは、対立する考え方があることを知らずに終わる。あるいは、知ってもどちらが正しいか判断することを求められず、対立する知識を比較評価することをしないままで終わる。そのような教育は、対立する考え方についてどちらが正しいかを考えない習慣、あるいはどちらが正しいか分からないということで満足する習慣をつけてしまうのではないか。それにもかかわらず、あえて判断を求められれば、子どもは、その時その時の偶然や好き嫌いで判断してしまうようになるのではあるまいか。これは、教育の成果としてけっして望ましいことではない。

実際に対立する諸々の考え方に対して中立な一つの考え方を見いだそうとすれば、しばしば、多数派の考え方が中立な考え方とされることになる。多くの人にとって、（自らが多数派であるから）多数派の考え方が分かりやすく、したがって偏っていないと感じられるからである。しかし、これは少数派の考え方を無視するものであるから、けっして公教育の中立性を維持することにはならない。社会において、多数派の考え方は、何もしなくても尊重されているのが普通である。公教育の中立性を維持するために実践的に重要なことは、少数派の考え方を尊重することである。そうすることによって、考え方の多様性を確保することである。

公教育の中立性は、一つの中立な考え方を教えることによっては成立しない。そもそも中立な考え方など存在しない。それぞれに偏った考え方があり、個人はそれら偏った考え方のうちからいずれか一つを選び取っているのである。教育のなすべきことは、その一つを各個人が自らの責任において正しく選び取ることができるようにすることである。そのためには、教育は、子どもが対立する諸々の考え方をたんに情報として知るだけではなく、それらの考え方の対立点を理解して比較評価し、自分自身の判断を下すことができるようになることをめざすのでなければならない。

現状では、公教育の中立性はもっぱら各国家内の諸個人間の考え方の対立に関して中立な教育を求めるものと考えられている。公教育は国民の考え方の統一を図るものだと割り切ってしまえば、この考え方も成り立つ。そして、諸外国からみれば、あるいは世界的にみれば、他のいろいろな考え方があるにしても、我が国において一般的な考え方を新しい世代に教えれば、それで公教育の任務は果たされたと考えられる(9)。しかし、公教育は、我が国にだけ都合のよい人間を形成するのではなく、一人の人間として、また世界市民の一人としてよい人間の形成をめざすべきだと考えるのであれば、国家内部の諸個人のあいだの考え方の対立だけでなく、国家を越えた諸国

(9)　歴史教育の現状はこの考え方に従っているようにみえるが、望ましいことではない。また現状でもこの点において不十分だと考えて、さらに徹底して我が国の（特定の）立場に立った歴史を教えよという主張があるが、これは論外である。

民のあいだの考え方の対立に関しても、中立な教育が求められる。(10) その場合には、いっそう明瞭に、公教育において一つの中立な考え方を教えることはできなくなる。我々は、改めて公教育の中立性の意味を考え直さなければならない。

多様な教育内容の共存

教育がたんなる教え込みでないためには、対立する考え方についてどの考え方にも偏らずに可能なかぎり公平に教えることが必要である。対立する考え方の一つだけを子どもに押しつけるような教え方をすべきでない。教師は対立する諸々の考え方に対しては中立であるように努めなければならない。しかし、だからといって、対立する考え方をたんに客観的な情報として提示するだけでは不十分である。教育が子どもを自律的な存在に育てることをめざすのであれば、対立する考え方について子ども各自が自分自身の考え方を選択できるようになることをめざさなければならない。そのためには、教師は、対立する考え方の争点を示し、子どもがその争点を比較評価していずれの考え方が正しいかを考えるような仕方で教えるのでなければならない。

こうして子どもが対立する考え方の中から正しい考え方を選び取ることができるようになることをめざした教育が行われるならば、教師がいかに中立であるように努めても、結果として、何

(10) この点については、次章でやや詳しく論じる。

らかの程度においていずれかの考え方に偏ることは避けられないであろう。もしも教師が一つの考え方を支持しているのであれば、その考え方に有利な説明をすることは容易であるけれども、それに対立する考え方に有利な説明をすることは難しいであろう。自分の支持する考え方に対する子どもの疑問や反対論には確実に答えることができるが、反対する考え方については答えに詰まるということが起こるであろう。教師は、自分自身に正直であるかぎり、反対の考え方に配慮しつつも、結局は自分の考え方に有利になるような教え方になる。自分を偽るのでなければ、あたかも両者を同等に正しいかのように、あるいは同等に誤りであるかのように教えることはできないであろう。

ただし、相互に対立する考え方がある中で、教師自身が主観的にどの考え方が正しいか分からないという状態である場合には、教師のその分からない状態が直接的・間接的に子どもに伝わるであろう。その場合には、結果的に、文字どおりいずれの考え方にも偏らない教え方になるかもしれない。[11] そうではなく、教師自身にとって少なくとも主観的には正しいと確信できる考え方があるのであれば、その考え方が教える過程で直接的・間接的に現れることは避けられないであろう。

(11) これはやむをえないことではあっても、望ましいことではない。教師も、一般の社会人と同じように、自らの考え方をもつべきである。

教育は、子どもに安易に好き勝手に自らの考え方を選ぶことを教えるのであってはならない。熟慮して自らの責任において正しいと信じうる考え方を選ぶことを教えるのでなければならない。子どもにそれができるようになることをめざすのであれば、教師は、多様な考え方をできるかぎり正確かつ公平に教えなければならない。しかも、たんに多様な考え方を客観的な情報として伝えるだけではなく、それぞれの考え方の長所や短所などをも教えなければならない。そうすることによって子どもは、それら多様な考え方を理解し、比較評価して、自分自身の考え方を選び取ることができるようになる。

そのような教え方をするならば、結果としてそれぞれの教師がそれぞれにある程度偏った教育をすることは避けられない。これは許容されなければならない。このために起こる各教師の偏向は、当の教師自身によって克服することはできない。他の教師の他の考え方への偏向によって是正されるほかない。同じ学校の中に多種多様な考え方の教師がいるならば、一人の教師によって起こる偏向は他の教師の他の方向への偏向によって是正されるであろう。それにしても一つの学校にはその学校の教師集団に特有の偏向がありうる。その偏向は、他の学校の他の方向への偏向によって是正される。このようにしてある程度広い地域での教育を全体としてみれば、比較的に中立性が保たれることになる。

そもそも対立する諸々の考え方に対する中立性は、各個人の中で成立することではない。各個人は、それぞれ自分自身の考え方をもつ。各個人がそれぞれ自分の考え方をもつから、集団の中ではそれらの考え方が対立する。中立性とは、集団において、その構成員各自が相互に異なる考え方をもつとき、集団がその諸々の考え方のいずれにも与しないことによって成立する。各教師がそれぞれにある程度自らの確信する方向に偏った教育をすることを許されるならば、教育界全体としては、多様な方向に偏った多様な教育が行われることになる。公教育の中立性は、教育界全体において一つの中立な内容の教育を行うのではなく、多様な考え方の教育が共存することによって維持される。教育の中立性は、各個人に対してではなく集団に対して適用される原則である。

厳密にいえば、公教育の中立性を完全に達成することは不可能である。しかし、これを努力目標として設定することはできるし、またそうすることが必要である。公教育の中立性を完全に達成することが不可能だからといって、無批判に偏向した教育を許してしまえば、多様な考え方の共存が困難になり、誤った考え方を訂正することが不可能になる。それは、結局、教育を政治に従属させ、本来の意味での教育を不可能にするものとなるであろう。

5　教師の自由と責任

教師の自律性

これまでの議論は、もっぱら教育の政治的統制に焦点を当てていた。しかし、政治的統制から解放されれば、個人は自由に思考し行動することができるというわけではない。周囲の人々の噂から始まって職場の通念や習慣、マスコミの風潮、その他多種多様な社会的環境が個人の自由を制限する。この制限は、強制されるわけではない。しかし実質的には、強制される法や規則以上に強く個人の自由を制限する（ことがある）。学校教師の場合には、それぞれの学校やその地域の通念や習慣、教師集団の文化などが教師各個人の思考と行動を規制する。人間がこの種の規制から完全に解放されることは不可能である。しかしだからといって、受動的に従っていればよいというわけでもない。

他の分野の人々からみれば、教師には教師固有のものの見方や考え方があるとみえることもあろう。また実際に、教師には教師固有の見方や考え方、いわゆる教師文化があることは否定できない。しかし、同じ傾向が他のいかなる職業にもある。何も教師だけが特別だというわけではない。それぞれの職業にそれぞれに特有の職業文化があってよい。教師は進んで教師固有の観点から教育について主張することがあってよい。教師であればこそみえる教育の事実があるはずだから、その点について教師がとくに有意義な発言をなしうるだろう。昨今はやりの銀行に研修に行くとか、企業人を校長に迎えるなどのことは、例外的にはあってもよいが、さほど重視すべきものではない。それぞれの職業にはそれぞれに相当程度に専門的な知見がある。

ただし、この専門的な知見は、いわゆる専門職としての自律性を正当化するものではない。専門職の自律性は、専門的な知識技術に関する事項については、各専門職の自律的判断に従うことを要求する。病人の治療の仕方は医者に任せるほかなく、法律的な争いは法律家に任せるほかない、ということを意味する。今日、医療に関してはインフォームド・コンセントが、裁判においては裁判員制度が導入されて、専門職の自律性に一定の制限が課せられている。しかし、医者の説明する治療方法について病人が同等に知るわけではなく、裁判官の説明する法律の解釈について素人が同等に知るわけではない。専門職の提供する知識を正しいものとして、その中で選択肢が与えられるときに、素人がいずれかの選択肢を選ぶだけのことである。

教育の場合は、このような意味で専門職としての独自の知識が成り立つわけではない。教育において教えられる内容は、多くの場合、教師が子どもよりもよく知っているにしても、子どもの保護者や地域の人々、あるいはその問題に関連する分野で働いている人々よりもよく知っているわけではない。また、教育内容と教育方法とが緊密に結びついているために、教育方法についても専門職的自律性を要求することはできないのが普通である。たとえば、原子力発電の是非について、あるいは学校行事における国旗・国歌の取り扱い方について、教師であれば正しく判断できる特別の知識技術があって、それに従えば教育の中立性が維持されるなどということはない。

教師のもつ専門性とは、あらゆる職業がそれぞれにその職業について固有の専門性をもち、教師も例外ではないという意味での専門性である。教師には、教師であればこそ知りうる独自の知識があり、その知識に基づいて教師文化が成立する。教師は、この教師文化に染まってよい。しかし同時に、教師文化もまた多様であることを忘れてはならない。教師は、他の分野の人々に比べれば教育の事実に詳しい。だからまた、教育に関する意見も微妙なところで教師によって相違することも多い。それゆえに、教師文化は多様であり、しばしば相互に対立するものを含む。その中で教師各個人は、自らの考え方をもち、その考え方を主張するという意味で個人的な自律性を維持しなければならない。教師の自律性とは、基本的に教師各個人の自律性であって、教師集団の自律性ではない。

各教師の自律性は、本来の意味での教育が成り立つための基本的条件である。師弟間であれ、親子間であれ、あるいは友達同士・大人同士であれ、教える者は、自らに正直であるかぎり、自らが真と信じていることしか教えることができない。自らは真と信じていないことを教えることは、あるいは自らは真偽が分からないにもかかわらず命令されたとおりに教えることは、自らをあざむき、他をもあざむく行為である。これを教育と呼ぶことはできない。

教育において、教師に自律性が認められるように、子どもにも自律性が認められなければならない。教師が教えることを子どもが学ぶか否か、どのように学ぶかは、子ども自身が決める。何ごとであれ、強制して教えることはできない。教師を信頼して子どもの教育を託すか否かは、その保護者が決め、地域の人々が決める。また一人の教師の教育に他の教師が協力するか否かは、協力を求められた他の教師が決める。教師は、これらの人々を強制して自分の考え方に従わせることはできない。教師が自らの考え方に従って教育を実践するためには、関係する人々を説得して納得を得ることが必要である。教師は、政治家が人々を説得するかぎりで自らの政治理念を具体化することができるように、関係する人々を説得するかぎりで自らの教育理念を実践することができる。そして、そのかぎりで、またその程度に応じて、教師は自律的であることができるのである。

教師の思想良心の自由

教師は、一社会人としては法律の範囲内で思想良心の自由に従って生きることを許される。しかしまた、右に述べたように、教育の場では一定の範囲でその自由を制限される。教師の公教育教師としての自由の範囲は、一社会人としての自由の範囲よりも狭く限定される。そうであればこそ、公教育の政治的統制は教師の思想良心の自由を可能なかぎり尊重する仕方でなされなければならない。そのためにどのような方策があるか。

この点を、愛国心を教える場合を例にして考えてみよう。いま社会では愛国心について多種多様な考え方がある。一方には愛国心をもっとも重要な道徳だとみなす考え方があり、他方にはそもそも愛国心など無用だとみなす考え方がある。あるいは、一方には我が国を天皇中心の神国とみなす戦前同様の愛国心があり、他方には天皇制度を廃止して我が国を純粋の共和国に変革することをめざす愛国心がある。これら多種多様な考え方がある中で、各教師が愛国心を教えようとすれば、その多様性の範囲を限定する点においてすでに主観的な意見が入るであろう。そしてまた、その範囲内のすべての愛国心の説明についても主観的な意見が入ることは避けられないであろう。そうではあっても、教師がそれら多様な愛国心についてできるだけ公平に教えようと努めるのであれば、結果として現れる主観性は容認すべきである。

しかし、教師によっては、多様な愛国心を公平に教えることができない、あるいは意図的にしないということがありうる。たとえば、自分の思想良心に従えば、天皇への忠誠を含む愛国心は教えられない、完全な共和国にふさわしい愛国心しか教えられないという教師がいたとしよう。公教育は多様な考え方をできるだけ公平に教えるべきだという原則をとるのであれば、この教師は職を辞すほかないのか。多様な愛国心について公平に説明することをせず、一方的に自分の信じる愛国心だけを教える教師は、はじめは軽い処分であっても、徐々に重い処分を受け、ついには免職になってもやむをえないのか。そうだとすれば、この教師は、教師を続けようと思うのであれば、いずれかの時点で自らの思想良心に反する思想をもできるだけ公平に教えなければならないことになる。その場合、その教師は、自分自身が受け入れていないことを子どもに受け入れさせることを強制される。先に述べたように、これは、本来の教育においてはあってはならないことである。

この事態を避けることは難しいことではない。その教師には愛国心にかかわる教育内容を教えないことを求めればよいのである。すなわち、教師が自らの思想良心に反するがゆえにある特定の思想しか教えることができない、多様な思想を公平に教えることはできないというのであれば、その思想にかかわる教育内容に限って教えないことをその教師に求めればよい。もしも学校のカリキュラムの上で必ずその教育内容を教えなければならないのであれば、それを教えても思想良心に反しないと考える他の教師に代わって教えてもらうことにすればよい。(12) そうすれば彼は、自らの思想良心に反したことを教えることだけは避けられる。

この方策によってこの教師の思想良心の自由が十全に保障されるわけではない。公教育においてて天皇への忠誠を含む愛国心を教えることはできないと考えている教師にとっては、公教育においてこの愛国心を教えること自体がまちがっているのである。したがって、たとえ他の教師であってもこれを教えることは不本意なことである。そのかぎりにおいて彼の思想良心の自由は侵害される。しかし、彼自身がその愛国心をあたかも正しい愛国心（の一つ）であるかのように教える場合ほどひどくは侵害されなくてすむ。

この教師は、一人の社会人としては彼の信じる愛国心だけが正しい愛国心だと主張することができる。他の愛国心がいかに有害なものであるかを公言することができる。しかし、教育の場面では、子どもに自分の信じる愛国心だけを教えることは許されない。また、他の教師が他の愛国心を（多様な愛国心の一つとして）教えることを阻止することもできない。もしも彼が学校で自

(12) 同じ学校内に代役になりうる教師がいないのであれば、管理職たる校長が代役を務めればよい。あるいは他の学校の教師に代役を頼んでもよい。あるいは管理機関たる教育委員会自身が代役を務めてもよい。それが管理者の責任である。

分の信じる愛国心を教えることができないのであれば、自分が教師をやっている意味はないと思うのであれば、彼は教師を辞めるほかかない。しかし、そうではなく、その愛国心を教えること以外に教師としてなすべきことがあるというのであれば、そのなすべきことをなすために教師を続けることができる。つまり、特定の教育内容について公教育で許容されない仕方で教えることだけはしないことによって、それ以外の教育を自分の信念に従って行うことができる。これが、教師の思想良心の自由と公教育ゆえの制限とを可能なかぎり両立させる方策になるのではあるまいか。

以上においてはもっぱら、教師が個人的に自分の教え方を決めることができる場合について考えた。学校教育は多くの場面で教師集団として、たとえば学校全体で、一つの方式で教える必要がある場合がある。この場合には、教師はその集団的な教育の場に参加しないことを認められるべきである。この点は、近年問題になっている入学式や卒業式における国旗・国歌の取り扱いを例にして考えてみよう。

入学式や卒業式は、各教師がそれぞれ自分の考え方に従って個別に行うよりも、学校として一つの方式で行い、全教師がそれに参加することが望ましいとも考えられる。この場合、その方式について教師全員の意見が一致すればよいが、そうでないときにはどうするか。教師の多数意見によって決めるなり、校長の責任において決めるなり、あるいは教育委員会が決めるなり、いろいろな方式が考えられる。どの方式をとるにしても、そこで決められた方式に対して自らの思想良心に照らして反対だという教師がいる場合がある。この教師には、その決められた方式の入学式・卒業式に参加しないことを認めることによって、この教師の思想良心の自由をある程度尊重することができる。

この教師の本来の考え方は、他のもっと適切な方式で入学式・卒業式を行うことであるから、その決められた方式で入学式・卒業式が行われること自体が彼の思想良心に反することであり、不本意なことである。しかし、どんな手続きで入学式・卒業式の方式が決められたにしても、その方式で入学式・卒業式を行うことに賛同する教師がいるのであれば、その方式を取りやめることは、この賛同する教師の考え方を抑えることになる。この場合、すべての教師の考え方をすべて同じように尊重することはできない。そのときには誰かが自らの考え方を十分に満たすことは断念して、しかし積極的に自らの考え方に反することだけはしないということで妥協するほかない。集団の中で対立する考え方があり、すべての考え方を同時に満足させることができない場合には、このような妥協策をとるほかないのではなかろうか。

第八章　多文化国家の公教育

1　問題

かつて国家は（といっても有力な少数の国家に限られるが）、武力によって他国を支配して自国の繁栄を築き上げた。さすがに今日では、現実にはともかく少なくとも建前上は、武力によって他国を支配することが正当化されることはなくなった。しかし、経済的に他国を支配することは正当化されている。国際的な経済競争に勝って自国の繁栄を築き上げることが当然視され、この競争を勝ち抜くために（必要であればいつでも）武力に訴えることが想定されている。今日の公教育は、このような国際関係を前提にして、国家の存続（というよりも有力国家としての地位確保）のための手段となっている。学力調査の国際比較で少しでも成績が落ちると大騒ぎするのはその象徴である。なぜこのような発想から抜けられないのか。これまでの公教育にその一因があるのではないか。

明治以来の我が国の公教育は、人々の関心を郷土から国家に広げ、国家の一員として団結することを教えてきた。その結果、人々の対立を話し合いで解決することのできる社会の範囲を国家規模にまで広げることに成功した。しかし、世界規模にまで広げることはできないでいる。国内では、人々の対立は話し合いによって解決されるが、国家を越える対立はしばしば武力によって解決される。そして、この状態をやむをえないものとして受け入れている。世界が狭くなり、世界諸国家の相互関係が緊密になった今日では、そしてまた、人類全体を滅亡させかねない大量破壊兵器が開発された今日では、国家を越える人々の対立を話し合いで解決することができるようになることが必要不可欠である。これからの公教育は、特定の国家の一員として望ましいだけでなく、世界人類の一員としても望ましい人間を育てることが必要である。本章では、この観点に立って、これからの公教育のあるべき姿を考える。

2　これまでの公教育

近代以前の身分制度の社会においては、国家を支配するのは一部上層身分のものであり、国家の法を決めるのも彼らであった。一般庶民は、その決められた法に従うだけで、その法の良し悪しをいうことは論外とされた。彼らにはその良し悪しを判断するだけの能力がないものとされた。国家は、いわばその国家を支配する一部上層身分の利益のために存在していた。近代以降の平等制度の社会においては、国家は、その国家に所属する国民全体の利益のために存在すると考えられている。国家はその国家に所属する国民全体によって支配されるものであり、国家の法は国民全体によって決められるものであり、国民はすべてその法の良し悪しを判断する能力をもっていると考えられている。

このような国家観の転換をもたらしたのは西欧近代の社会契約論である。社会契約論は、人間はすべて自由かつ平等であると考えた。自由かつ平等な人々が相互に争うことなく平和な生活を送るためには、一定の法を決めてすべての人がこの法に従うことが必要である。社会契約論は、国家とは、本来、この事実に気づいた人々が自分たちで法を決め、その法を守ることに合意することによって作られたものだと主張した。もちろん、社会契約論は、歴史上の国家が現実に自由かつ平等な人々の合意によって作られたと考えたわけではない。現実の国家における君主の専制的支配を打破して、その国家に所属する人々全体による民主的支配を正当化するために、国家の見方を変えたのである。(1) 今日の国家の大半は、身分制度を否定する点および国民の政治参加を肯定する点において、社会契約論を受け入れている。

社会契約論によれば、各国家はその国家を作ることに合意した人々によって成立する。した

(1)　我が国の明治憲法は、「天皇ハ国ノ元首ニシテ統治権ヲ総攬シ」という点でこの考え方に反するが、「天皇ハ帝国議会ノ協賛ヲ以テ立法権ヲ行フ」という点でこの考え方を受け入れている。

がって、各国家の範囲は、その合意の成り立つ人々の範囲になる。もしも人類全体で合意が成り立てば、世界全体が一つの国家になりうる。しかし、現実に合意が成り立つ範囲は、ものの見方・考え方や生活習慣など今日一般に「文化」と呼ばれるものがある程度一致している人々のあいだに限られる。そのために、この相当程度に同質な文化をもつ社会集団（すなわち民族）がそれぞれ一つの国家となることが望ましいと考えられた。(2) こうして成立した国家は、国民が自らを支配するという意味で民主制国家であり、国民が文化的に同質な民族によって構成されるという意味で単一民族国家（すなわち単一文化国家）である。この性質をもつ国家は、一般に、「国民国家」と呼ばれる。

しかし、右にあげた国民国家は理念であって現実ではなかった。ほとんどすべての国家が国内に文化的に異質な少数民族を含んでいた。そのために、現実の国民国家は、一つの大きな民族が内部および周辺の小さな諸民族を併合して支配する形で成立した。そして、支配派民族の伝統的文化を核にして国民共通の文化を作り、これを少数派民族を含めて国民全体に浸透させることによって、文化的に同質な国民を形成した。国民国家によって統制される公教育は、この文化的に同質な国民を形成することを重要な任務とした。公教育のこの性質は、いまもほとんど変わって

（2）『教育勅語』は、我が国が万世一系の天皇支配によって文化的同質性を確保してきた点において、西欧近代の諸国民国家をはるかに凌駕していると主張した。

いない。ここでは、この性質をもつ公教育を「国民教育」と呼ぶことにしよう(3)。

国民教育は、国民全体の文化的同質化をめざした。文化の同質化は、人々のあいだの意志疎通を容易にして、相互理解・相互協力を進め、国民の団結を生み出すと考えられたからである。こうして国民の団結に成功した国民国家は、いち早く国内の平和を達成して国外に支配地域を拡げ、経済的繁栄と軍事的優勢を確保した。その結果、今日のいわゆる先進諸国が出現した。

しかし、その成功は同時に新たな問題を生み出すことにもなった。各国家における国民の文化的同質化は、諸国家間の文化的異質化を進めた。そのために、一方で各国家内の争いを話し合いによって解決することを容易にしたと同時に、他方で国家間の争いを話し合いで解決することを困難にした。その結果、人間は、国内では相互に協力するが、国家間では敵対するのが当然だと考えられるようになった。国際間の対立を戦争による解決に委ねることが正当化された。しかもその戦争は、国家の支配者間の戦争ではなく、国民全体が参加する戦争に変質した。二次にわたる世界大戦がこのことを象徴的に示している。戦争技術の発達と経済格差の拡大が人類全体を滅ぼしかねない現在においても、我々は、この通念から脱することができないでいる(4)。

文化的に多種多様な世界諸国家が平和的に共存するためには、人々は、文化の違いを越えて、

(3) 我が国の公教育は、この意味での国民教育である点において戦前・戦後を通じて一貫している。
(4) 我が国が未だに近隣諸国との友好的な関係を築きえないのは、その典型である。

相互理解・相互協力することができるのでなければならない。しかし国民国家は、人々の相互理解・相互協力は文化の同質性を必要とすると考えていた。そう考えて各国家内の文化の同質化を図った。また、諸国家間の文化の異質性を強調した。したがって、国民国家として成功すればするほど、諸外国との関係が疎遠になる。国家が現状の国民国家であるかぎり、各国家内の平和は達成されても、世界諸国家間の平和は達成されない。これからの公教育は、国民教育から解放されなければならない。

3　多文化国家

もともと国民国家には無理があった。国民の文化的同質化に成功したのは、その条件に恵まれていた一部の国家にすぎなかった。異質な文化をもつ多数の諸民族が共存していた国家あるいは地域では、国内における文化的同質化を進めることがかえって国内諸民族間の対立を深め、国内を混乱に陥れることになった。第二次世界大戦後に旧植民地から独立した新興諸国において、混乱状態から抜け出せないでいる国々が少なくないのはこのためである。また、ソ連邦崩壊後の東欧諸国において、深刻な民族紛争が起こったのもこのためである。

近年は、かつて国民の文化的同質化に成功した国家においても、その無理が自覚され、国家内の多文化化が進められる傾向にある。イギリスやスペイン、カナダなどにこの傾向が明瞭に現れている。今日のロシア共和国（旧ソ連邦はもとより）や中国などは、理念としては多民族国家であることを標榜しているが、その具体的な政策においては国民的な文化の統一を図り、多種多様な少数民族を抑圧する傾向があるために、民族紛争が絶えない状態になっている。またアメリカ合衆国は、かつては単一のアメリカ文化を重視していたが、いまは多文化主義が相当程度に行われている。(5)我が国は、国民国家の形成において世界でも例外的に成功した国である。そのために、国内少数民族の文化を抑圧するだけでなく、一般的に地方文化を無視し、少数意見を抑圧する傾向がみられたし、いまもみられる。(6)国家は、国内に多種多様な文化集団が存在することを認めなければならない。国家は、程度の差はあっても、すべて多文化国家である。

文化の同質性があってはじめて人々の相互理解・相互協力が成り立つのであれば、世界諸国家間の平和が達成される可能性はない。文化の異質性を越えて人々の相互理解・相互協力が成り立つのでなければならない。これからの公教育は、文化の違いを越えて相互理解・相互協力することのできる人間を形成しなければならない。そうすることによって、各国家の中で文化的に多様な人々が平和的に共存することができるようになれば、その延長上に、世界において文化的に多

（5）ただし、最近は、対テロ戦争の影響もあってか、単一文化主義に戻りつつあるようにみえる。
（6）我が国の少数派民族の抑圧については、たとえば、松島泰勝『琉球独立論』バジリコ、二〇一四年をみよ。

様な諸国家（および国家以外の諸社会集団）が平和的に共存することも期待されよう。そうなれば、各国家の国民を形成することと平和な世界の構成員（これを「世界市民」と呼ぼう）を形成することが矛盾対立しないことになる。これからの公教育は、この意味でよき国民であると同時によき世界市民でもある人間の形成をめざすのでなければならない。

国民国家は、国民が同質の文化によって団結すること、団結して諸外国と競争すること、そしてその競争に勝つことをめざした。多文化国家は、文化的に多様な国民（諸個人および諸集団）が平和的に共存すること、そのために人々が文化の違いを越えて相互理解・相互協力することをめざす。国民教育は、文化の同質性のゆえに団結した国民を形成することをめざした。多文化国家の公教育は、文化の異質性を越えて平和的に共存する世界市民を形成することをめざすのでなければならない。その世界市民が同時によき国民にもなるのでなければならない。

4　多文化国家の可能性

文化を越えた相互理解

人間各個人の思考や行動は、その個人の受け入れている文化によって制約される。そのために、異なる文化を受け入れている人々のあいだでは、同じ文化を受け入れている人々のあいだでよりも、相互理解が難しくなることがある。しかし、不可能になるわけではない。文化を同じくする人々と文化を異にする人々のあいだで相互理解の程度に決定的な違いがあるわけではない。

人間各個人の思考を制約するものは、文化に限られない。動物の一種としての人間の身体（脳はその一部）の生理的機構が人間の思考を制約している。その人間のその時その時の内心の状態（たとえば、フロイトのいう潜在意識）なり外界の状態（たとえば、マルクスのいう生産関係）なりが影響する。これら多種多様な条件によって人間各個人の思考は制約される。しかし、それらの制約によって人間の思考が決定されるわけではない。決定されるとすれば、フロイトの精神分析学は彼の潜在意識の所産であり、マルクスの階級理論は彼の時代の生産関係の所産であって、一般的には通用しない理論だということになってしまう。

人間の思考を制約するものは多種多様である。我々は、しばしば、気づかないままにそれら諸要因によって制約されてものを考えている。そのために少々話し合っても容易には相互理解に至らないことがある。だからといって、相互理解が不可能だというわけではない。我々は、自分自身が陥っている思考の制約に気づけばその制約から脱することができる。少なくとも脱するよう努力することができる。理性的な話し合いがそれを可能にする。すなわち、言葉による脅迫、利益による誘導、だまし、その他種々の手段を用いて一時的な意見の一致を得るために話し合うのではなく、正しい思考内容を見いだすために話し合うならば、実際に相互理解することができる。文化は、我々の思考を制約する諸要因の一つである。文化に限って相互理解を不可能にする特別な要因だと決めつける理由はない。

人々の意見や利害の対立は多種多様な要因によって起こる。かつて階級が人間社会に対立を引き起こし、ついに戦争を引き起こすといわれた。東西冷戦の時代には、階級というよりも資本主義経済体制と社会主義経済体制のどちらをとるかというイデオロギーの対立が国家間戦争の主要な原因であった。そして今日でも、経済政策において資本主義的手法と社会主義的手法のいずれを重視するか、あるいはどのように組み合わせるかという思想あるいは理論の対立が、戦争にまでは至らないにしても、国内的および国際的な政治的争いを生み出している。東西冷戦の終結後は、民族または宗教、あるいは文化または文明が人々（諸国家あるいは国家以外の諸社会集団）を戦争にまで至らせる対立の主要な原因だと主張する人々も現れた。また最近は、貧富の格差を是認して人権を無視する専制国家（およびそれを支援する国家群）とこれを武力を用いて倒そうとする諸社会集団（およびそれを支援する国家群）との対立が戦争を引き起こしているようにみえる。

人間の社会において現に対立している意見や利害（これは明示的に現れている）とその対立を生み出す要因（これは潜在的にあるものとされる）とを明確に区別することはできない。理屈の上では区別することができても、現実に対立の解消をめざす話し合いの中で区別することは無用である。なぜならば、人々の意見や利害の背後にあるその潜在的な要因なるものの対立は、それが潜在しているかぎりは気づかれないから、話し合いで取り上げられないであろう。また、誰かが気づいて話し合いの中で取り上げれば、その要因も明示的な意見や利害の一部分として組み入れられて話し合いが行われるであろう。いずれにしても、現実に対立の解消をめざして話し合いをするところでは、人々が取り上げるかぎりのすべての論点について話し合うほかないのである。

厳密にみるならば、人間の思考を制約する諸要因は各個人ごとに異なっている。各個人ごとに異なる遺伝的性質や生後の生活経験や意図的・無意図的に教えられた多種多様な知識や、その他様々な要因が各個人のものの見方・考え方を制約する。そのために、各個人のものの見方・考え方はそれぞれ微妙に違ってくる。したがって、厳密に考えるならば、各個人がそれぞれに自分に固有の文化をもつということができる。文化を同じくする諸個人相互のあいだでも相互理解できないことがあるのは、そのためである。そうではあっても、多くの場合、我々は各個人に固有の文化の違いを越えて相互理解することができる。少なくとも、ともに平和的に共存するために必要な程度には相互理解することができる。そうであればこそ、そもそも文化的に均質な社会なるものが成立するのである。ここでは、この意味で集団的な文化の違いによって起こる相互理解の問題に焦点を当てて考えることにしよう。

対立する諸文化の平和的共存

人間は、多くの場合、文化を同じくするか否かにかかわらず、相互理解することができる。人々のあいだに対立が生じれば、対立する双方が理性的に話し合うことによって解決することができる。とはいえ、現実にはたしかに、少々話し合っても対立を解決することができない場合がある。その場合でも、対立した状態であり続けるよりも、対立しつつも平和的に共存することの方が望ましいのであれば、その平和的な共存の方策を当面の解決策とすることができる。そしてよりよい解決策を見いだすべくさらに話し合いを続けることができる。

この話し合いは、どちらか一方が武力による解決に訴えないかぎりは、あるいは相手との関係を絶たないかぎりは、続けることができる。この話し合いは、人々が話し合いを続けようと意志するかぎりは、いつまでも続けることができる。諸個人であれ諸集団であれ文化が対立するために平和的に共存することができないのは、その当事者が平和的な共存よりも武力闘争や関係断絶を選び取るからである。

諸文化は、相互に対立しつつ、平和的に共存することができる。かつて多くの宗教が自らの教えを絶対化して、教えの異なる他の諸宗教と武力衝突を引き起こした。しかし今日では、多くの宗教がその教えにおいては相互に対立しつつ、しかし平和的に共存している。他の宗教と武力衝突している宗教の方が少ない。人間は、文化の違いを乗り越えられなくても、文化の違いを認めた上で平和的に共存することができる。

対立する諸文化が平和的に共存するためには、それぞれの文化が自らの文化の優越性を主張するにしても、同時に他の諸文化も同じように自己主張することを許容することが必要である。自らの文化の優越性を主張するだけでなく、様々な手練手管を用いて、そして最終的には武力を用いてでも、他の諸文化を撲滅しようとする文化は、他の諸文化と平和的に共存することはできない。安定した国家では、この意味での文化の統一が実現されている。すなわち、相互に対立する諸文化が理論的には対立しつつも、現実に平和的に共存することを認めるという点で一致している。そうであればこそ、国家は安定して存続しているのである。

この意味での文化の統一は、世界においてもすでに受け入れられているといってよいのではなかろうか。世界には多種多様な文化がある。その中には、その内容において相互に対立するものも少なくない。それにもかかわらず、ほとんどの文化は自らと対立する諸文化が存在することを認めている。この原則を受け入れない文化は例外的なものにとどまる。ときに種々様な理由をつけて、ある種の文化集団は相互に戦争をする運命にあるかのごとき理屈を考え出す人がいる。しかし幸いなことに、この種の学説は一般的には受け入れられていない。世界においては、すでに相互に対立する諸文化の多くが、その対立にもかかわらず、平和的に共存している。

それにもかかわらず、多くの国家は戦争のために軍隊を備えており、それがあたかも普通のことであるかのように考えられている。なぜこんな奇妙なことが起こっているのか。近代の国民国家とその公教育すなわち国民教育にその責任（の一端）がある。

国民教育は、それまで自らが所属する郷土や宗教団体などにしか関心がなかった国民に国家の重要性を教え、国家の一員としての自覚を教えることをめざした。そのために個人の利己主義を否定したけれども、国家の利己主義は否定しなかった。個人は道徳的でなければならないが、国家に道徳は通用しないと考えた。国家間の関係は弱肉強食の関係だとみなされ、強い国家が海外に植民地をもつことが正当化された。さすがに今日では、侵略戦争は否定されている。しかし、自衛戦争は否定されず、軍備競争も続いている。また、国際的な経済競争が極端な貧富の差を生み出すことを当然として、自国がその勝者の側に入ることに懸命になっている。その結果、戦争技術が異常に発達し、世界の一部の地域に極端な貧困が起こっている。この現状を承認するかぎり、世界の平和を望むことはできない。今日の世界は、国家的利己主義を克服することを焦眉の課題としている。今後の公教育は、この課題に応えるものでなければならない。

国民教育はまた、国民は文化的同質性によって団結するものと考えた。そのために、自国の文化に誇りをもつことを教えた。それは、しばしばあからさまに、ときに暗黙のうちに、自国の文化を世界でもっとも優れた文化だとする自文化至上主義に陥った。今日では、明示的には自文化至上主義は否定されて、文化相対主義がそれに代わっている。文化相対主義は、自文化を基準にして他文化を批判することをしないかぎりにおいて無害であるが、他文化から批判されることを拒否する点において有害である。そしてまた、文化の違いを越えて人々が相互に理解し協力することができないと考える点において誤っている。他文化からの批判を拒否して自分の文化を誇り、しかも他文化を理解することを拒否することは、自文化至上主義とほとんど同じである。我々は、文化の違いを越えて相互理解・相互協力することができること、否、人々が相互理解・相互協力するために文化が同じであるか否かは重要な問題でないことを知らなければならない。この点において、公教育はとくに重要な意味をもつ。

5　多文化国家の現実性

平和の条件

国家において、とくに安定した国家においては、国内における個人あるいは集団のあいだの利害や意見の対立は、話し合いによって解決されている。なぜそれが可能なのか。しばしば、国内においては国家が武力を独占することによって個人または集団の武力行使を抑えているからだ、という答えが与えられる。しかし、この答えは一面的にすぎる。武力による解決が維持されるのは、その武力が強力であるかぎりにおいてであって、武力が弱まれば、不満が起こり、争いが再発する。そうでなくても、隙があれば、反抗や怠業が起こる。武力による解決は、争いの真の解決にはならない。真の解決は、武力なしに維持されるものでなければならない。争いが武力によらずに話し合いによって解決されるものになっていなければならない。

国家が武力を独占するといえば、いかにも国家が強力な武力を独占して、国内にいかに強力な反国家勢力が現れても、これを制圧することができるほどでなければならないかのように聞こえる。しかし、そうではない。国家の中に国家の支配権を武力によって奪おうとする強力な集団が出現すれば、あるいは少数の強力な集団が国家の支配権を争って武力を用いるようになれば、国家は安定して存続しえない。国家の武力はこれら強力な集団の武力を確実に抑えることはできない。そのような国家では、それら強力な諸集団の武力の均衡によってでなければ平和は維持されない。そして、しばしばその均衡が破れ、国家は崩壊する。実際、今日、少数の強力な民族や宗教集団が国家の意志決定を左右する国家や地域で、この状態が出現している。国家の武力は、これら強力な諸武力集団の均衡を維持するために役立つほどに強力ではありえない。国家の武力は、せいぜい、その均衡を破る勢力のいずれかを援助する程度であり、その場合は、いずれその援助した勢力によって国家を奪取されるだけのことである。(7)

世界の現状は、まさにこの不安定な状態の国家に等しいものになっている。世界を構成するのはせいぜい二百に満たない国家であり、しかもその中にはいざとなれば世界全体を（そうでなくても半分なり三分の一なりを）支配するほどの強力な国家がある。世界の平和は、これら諸国家の（とくに強力な少数の国家の）武力の均衡によってかろうじて保たれている。そして、世界の

（7）　軍事独裁国家は例外。しかし、軍事独裁国家は短期的にはともかく、長期的には安定して存続しえないことを、歴史が証明しているのではあるまいか。今日の中東およびアフリカの一部地域における国家の状態は、軍事独裁国家の不安定性を如実に示している。近年、アメリカ合衆国では国家の戦争を民間の武装集団に外部委託する傾向があるという。この傾向が強まれば、その民間武装集団が国家を動かすようになるかもしれない。そうなれば、新しい型の軍事独裁国家が生まれることになる。この点については、ジェレミー・スケイヒル『ブラックウォーター』作品社、二〇一四年を参照。

あちこちの地域でその均衡が破れて戦争状態が出現している。この現状において、武力で世界の平和を守るためには、これら強力な諸国家の武力を制圧するだけの強大な武力を必要とする。仮にそれだけの武力を独占する世界国家が出現すれば、その世界国家が武力によって世界の平和を維持することになろう。しかし、それは現実には、一つの強力な国家（あるいはごく少数の強力国家の同盟）による世界支配と同じものになる。これは望ましいことではないし、持続するものでもない。

要するに、安定した国家は、強力な勢力の圧倒的な武力の独占によって成立するのでもなければ、強大な諸勢力の武力の均衡によって成立するのでもない。例外的な個人や集団（彼らは弱小な武力をもつにすぎない）を除いて、武力に訴えて対立を解決しようとはしない人々または諸集団によって成立する。国家が独占する武力は、その例外的かつ弱小な勢力の法違反を処罰するために役立つだけである。世界の平和もまた、強力な国家の圧倒的な武力の独占や強力な国家間相互の武力の均衡によって成り立つわけではない。世界のほとんどすべての国家（および国家以外の諸社会集団）が武力に訴えて自らの意見や利益を追求することをしないという状態になって、はじめて実現する。

国家と文化集団

国家はすべて何らかの程度において異質な文化を含む多文化社会である。その国家において諸文化の平和的共存が受け入れられているのは、国家が武力を独占しているからではない。国家が諸文化の平和的共存を受け入れるように作られているからである。逆にいえば、諸文化の平和的共存を実現している国家であってはじめて、国家は安定して存続するからである。

文化は、基本的に、変化してやまないものである。その変化がその文化を衰退に追い込むこともあれば、発展に導くこともある。いずれにしても文化をいつまでも同じ状態に固定しておくことはできない。時の政治的権力者であれ文化的権威者であれ、一時的には人々の受け入れる文化を固定することができるが、いずれ時が経てば、その文化が変化することを引き止めることはできない。文化の統制は、その文化に関心をもつ人々が自発的に受け入れることによって成り立つ。人為的に統制することは、長い目で見るかぎり不可能である。したがって、文化の対立を根本的に解決することはそれぞれの文化に関心をもつ人々の自発的一致を待たなければならない。これが文化の対立を解決するための基本的な方法である。

しかし、すべての文化的な対立において人々の合意が成立するまで待っているわけにはいかないことがある。たとえば、合意が成立しないままに現状を続ければ対立の一方の側を利することになり、対立をさらに激化させる場合がある。この場合には、合意が成立する以前に何らかの仕方で社会集団としての意志を統一して、その社会集団の成員全員をその意志に従わせることが必要である。この必要に応えることが国家の役割である。国家は、その国家を構成する人々の安全・安心な生活を守るためには、この役割を担わなければならない。

国家は、予め決められた手続きに従って国家の統一意志を決め、その共通意志を国民全員に強制する。しかし、それによって文化的対立が消滅するわけではない。文化的対立はその文化的対立に関心をもつ人々がいるかぎりは継続する。文化は強制によっては統一できない。国家と文化のあいだにこの違いがあるために、国家と同じ文化を共有する人々の集団（これを「文化集団」と呼ぼう）とを分離することが必要になる。この点は、文化集団の一例として宗教団体を考えてみれば分かりやすい。

国家が宗教団体と一致した場合を考えてみよ。ある国家がある宗教を国教として、これを信じることを全国民に強制したとしよう。そうすることによって、国民すべてにあたかもその宗教を信じているかのように行動させることはできる。しかし、心の中で本当にその宗教を信じさせることはできない。その不信心者が巧みに内心を隠すかぎり、この人を罰することはできない。だからといって、不信心者を暴くために無理な方策を講じれば、そのことによってかえって人々の不満を呼び起こし、国家を不安定にするであろう。しかし、宗教団体は、心の中で本当にその宗教を信じることを要求する。だから、強制するわけにはいかない。強制によって人の心を作り変えることはできない。信じるか否かは最終的に各個人に委ねられる。宗教団体が信仰を強制するときには、面従腹背の信徒を増やすことになりかねない。国家の法は強制されるかぎりで個人の意識と行動を統制するけれども、強制されるからその統制は強制可能な範囲に限定される。国家が宗教団体と一致することは不可能であり、無理に一致させようとすると、国家の安定性が失われる。

宗教団体の側からみても、国家と一体化することは望ましいことではない。かつて、多くの宗教団体が国家に支持されることによってその存続を確実にした。しかし、それは同時にその宗教をその内容において衰退させるものでもあった。国家が特定の宗教を支持するときには、その支持する宗教の内容を明確に決め、その決めたかぎりの内容を支持する。したがって、その内容から外れる方向に変化した宗教は支持されないだけでなく、しばしば抑圧され、ときには法的に禁止される。そのために、宗教の自由な変化発展が抑圧される。長い目で見れば、宗教は国家に支持されることによって、その内容の豊かさを失い、衰退していくことが多い[8]。この点を考慮すれば、宗教団体の側からみても、国家とは独立に存在することの方が望ましいのである。

同じことが国家と文化集団に一般的に当てはまる。国家は、国家の統一意志に従うことをその構成員全員に求める。そして、その意志に従わない者を処罰する。処罰されることがいやだからといって、その国家から離脱することを許さない[9]。そのために必要なかぎりにおいて、国家は武力を独占する[10]。またそのために必要であるから、国家はその構成員の範囲を明確に定める。そし

(8)　我が国の神社神道は国家神道になることによって一時的には興隆したが、その教義の上では衰退した。仏教も江戸幕府の支持を得ることによって定着するとともに、形骸化していった。神道も仏教もこの衰退と形骸化からいまも脱却していない。西欧におけるキリスト教も同じなのではないか。

てその構成員全員に国家の意志を強制する。強制することができるかぎりで、国家は国家として存続する。強制することができなくなれば、国家は崩壊する。国家の構成員は、その国家によって安全な生活を守られる権利があり、国家の命令に従う義務がある。

文化集団も、その集団の共通意志に従うことをその構成員全員に求める。しかし、従わない者を処罰することはしない。あるいは処罰しても、その処罰から逃れたい者は、その集団から離脱することができる。つまり、文化集団は、その共通意志に従うことを構成員全員に強制することはできない。(11) 文化集団は、基本的に、その文化集団に所属することを望む者によって構成される。したがって、文化集団はその構成員の範囲を明確に定めることができない。また、その集団の共

(9) かつて犯罪者を国外追放に処した国家があったし、いまでもある。また国家が国民の安全な生活を守らないために国民の一部が国外逃亡を企てることもあった。いまでもある。これらはいずれも国家本来の目的に反しているがゆえに、正常な国家とみなすことはできない。

(10) 先に述べたように、この武力は、国家内の諸個人や諸集団の法違反を取り締まる警察力であって、他国からの侵略を防ぐ軍事力ではない。前者は後者よりもはるかに弱い武力で足りる。この武力が軍事力に匹敵するほど強くなければ国内の平和を維持できないときには、国家はすでに崩壊の危機に陥っているといわなければならない。

(11) 法的には強制しないけれども、社会的・心理的に人々の意志や行動を束縛することがある。この種の強制まがいの束縛を許すだけでなく、率先して行う文化集団もあるが、この種の文化集団もまた、文化の本来のあり方から反するがゆえに、正常な文化集団とみなすことはできない。

通意志を明確に決めることもできない。文化集団の共通意志は、自発的にその集団の構成員になる（あるいは、とどまる）人々によって現に共通に受け入れられている意志にほかならない。

　国家と文化集団とのあいだにはこのような違いがあるから、これら二つの社会集団を一体化することはできない。両者は相互に独立でなければならない。一つの国家に複数の文化集団が存在し、また一つの文化集団が複数の国家に存在するということがあってよい。国家は、国内の多様な文化集団の平和的な共存を図るだけにとどまり、各文化集団の内容にまで立ち入って統制することは避けなければならない。そうすることによってはじめて、国家は安定して存続することができる。

　近代の国民国家は、政治社会としての国家と文化集団としての民族が一致することを理想とした。しかし、これは現実を無視した理想論であった。一つの国家が複数の民族によって構成されることもしばしばある。否、厳密にみるならば、いずれの国家も複数の民族によって構成されているという方が正しい。そもそも民族なるものが国民国家の理念とともに注目されたものであるために、そして国民国家が成立したところでは意図的・組織的に国家構成員の文化的同質化つまり国民の民族化が企てられたために、国民と民族の区別があいまいになっていることが多い。しかし、国民は国家の法によって限定される政治社会であるのに対して、民族は文化の同質性によって限定される文化集団であるという点で、両者は明確に区別されなければならない。(12)

6　これからの公教育

国家は、多種多様な文化をもつ諸個人あるいは諸集団を内に含む多文化社会である。多文化社会は、文化の多様性を維持しなければならない。そのためには、異なる諸文化の平和的共存と個人の文化選択の自由を保障しなければならない。各文化集団は、自らと対立する諸文化集団を批判しつつも、その集団が存在して自己主張することを許容しなければならない。各個人は、それら諸文化集団の自己主張を比較評価して、自らの文化を選ぶことができるのでなければならない。個人も文化集団もともに他の個人や他の文化集団に対して寛容でなければならない。

多文化国家の公教育は、多文化国家にふさわしい国民を形成しなければならない。一般に公教育は、特定の文化を教えることによって、特定の社会の成員を形成する。その公教育が、文化を異にする人々や諸社会の平和的共存を妨げるものであってはならない。公教育は、文化の違いを越えて相互に理解し合い、相互に協力し合うことのできる人間を形成しなければならない。これ

（12）今日では、国民となった（あるいはなることを望んだ、そしていまも望んでいる）文化集団だけを「民族」と呼んで、それ以外の文化集団である「エスニック・グループ」と区別されることが多い。しかし、「国民」と「民族」を区別することの方が重要なのではなかろうか。

からの公教育はこの意味で世界市民の形成をめざすのでなければならない。

教育が特定の文化を教えるものであっても、その文化が人類に共通に受け入れられる文化であれば（たとえば自然科学の知識）、問題はない。この種の文化は何を学んでも、他の社会の人々との平和的共存が難しくなるわけではない。その文化が特定の社会に固有のものであっても、その文化が他の諸文化と平和的に共存することができるものであれば（たとえば言葉）、やはり問題はない。直接的な相互理解に多少の困難が生まれるにしても、適当な仲介者を得れば、相互理解を図ることができる。その文化が他の諸文化と対立する場合には（たとえばその教えの内容が相互に対立する諸宗教）、対立する諸文化が平和的に共存することだけは受け入れるものにならなければならない。そのためには、各文化は、少なくとも他の諸文化の存在を認めることが必要である。他の諸文化との平和的共存を拒否する文化は、公教育において教えることはできない。

このように考えるならば、公教育が選択しうる文化の範囲は、今日行われているよりもはるかに広くなるはずである。また、その教え方も大きく変わってくるはずである。公教育は、自分の国家の伝統的な文化を教えるだけでは不十分である。自分の国家に多様な文化があること、そして他の国家にはさらに多様な他の文化があることを教え、自らの文化がそれら他の文化と平和的に共存することを教えなければならない。そのためには、子どもが受け入れる文化が教育に先立って決まっていると考えること自体を改めなければならない。子どもはいろいろな文化を教えられて、それに納得するから、それを自分の文化とするのである。どんな文化であれ、それを他の文化あるいは異文化として教えることは、偏見を教えてしまうことになりかねない。

とはいっても、世界に存在する多種多様な文化をすべて教えることはできない。現実に子どもが学びうる文化はごくわずかである。教育は、何らかの仕方で教える文化を選択しなければならない。子どもの将来の生活を考えれば、その選択が子どもの所属する社会に一般的に受け入れられている文化に偏ることは、是認されなければならない。ただし、右に見たように、その文化が他の諸文化と平和的に共存するものであることが必要であり、実際に共存するように配慮して教えることが必要である。

これからの公教育は、文化の同質性のゆえに団結した国民を形成するのではなく、文化の異質性を越えて平和的に共存することのできる世界市民を形成するのでなければならない。この世界市民が同時によき国民になるのでなければならない。この考え方に立ってこれからの公教育の具体的な姿を描くことは容易ではない。ここでは、国民教育に偏った現在の我が国の公教育を念頭において、それとの違いを思いつくままに列挙するにとどめるほかない。

① 国家的利己主義の克服

国民教育は、個人の利己主義を否定したけれども、国家の利己主義は否定しなかった。世界市民教育は、個人の利己主義も国家の利己主義もともに道徳的に悪いものとして否定する。各国家の国民が団結してその国家を豊かにする努力は、それが同時に他の諸国家をも豊かにするものであれば、あるいは少なくとも犠牲にするものでないかぎりにおいて、肯定する。各国家が自国の利益を追求することを無条件には肯定しない。したがって、国家は無条件に自衛権をもつとは考えない。また自衛権は当然に軍隊による自衛権を含むとは考えない。ともに、それを正当化する合理的な根拠がある場合に限って許されるものと考える。

② 自文化至上主義の克服

国民教育はまた、国家的利己主義を正当化するために、自文化至上主義に陥り、人々が文化の違いを越えて相互に理解・協力することはできない（あるいは難しい）と考えた。世界市民教育は、世界の諸国家・諸集団の文化的異質性を尊重する。しかしまた、人間は文化の異質性を越えて相互に理解・協力することができると考える。人間は、たまたま同じ地域に住んでいるだけで、あるいは相互に関係をもって生きているだけで、相互に理解し協力することが必要になる。人間は、文化の違いにかかわらず、この必要を満たす程度において相互に理解・協力することができる。人間に共通の性質すなわち人間性がそれを可能にする。文化は、すべて人間性の可能な範囲にある。諸文化は、相互に影響し合って変化発展する。純粋にして静止した文化なるものは存在しない。人間は、人間の必要に応じて文化を変え、文化を選ぶことができる。

③　歴史教育

今日の歴史教育は、我が国の現在を知るために、我が国の建国以来今日に至るまでの歴史を教えている。あたかも国家の歴史が、個人の成長発達の過程と同じように、一筋の道で辿ることができるかのように考えている。しかし、国家の歴史にはそのような一筋の道はない。道は多岐に分かれている。

仮に今日の我が国の文化が古事記・日本書紀の精神を受け継いでいるのであれば、その道は古事記・日本書紀に至るといえよう。あるいは、古事記・日本書紀の記述に従って神話時代にまで至るといえるかもしれない。しかし、仏教の教えを受け継いでいるのであれば、その道は韓国や中国を経てインドにまで至るであろう。しかも、その道は仏教がはじめて我が国に紹介されたときの道に限らず、その後の長い期間にわたってその時その時の韓国や中国を経て仏陀に至る多種多様な道をも含むといわねばならない。儒教や民主主義思想についても同様である。

西欧近代の民主主義思想は、明治初期の洋学者を経てルソーやカントに至る。もちろん、この道もまた、明治以来今日までの多種多様な西欧思想の、否、西欧思想に限らずその影響を受けた世界中の諸々の思想の道に至り、さらにルソーやカントを生み出した道筋を辿れば、古代ギリシャ・ローマに至る。今日の日本の文化は、これら様々な道筋を通って世界の多くの国や地域の人々が育んできた多種多様な文化を受け継いで成り立っている。

これら多様な道をすべて無視して、日本に固有の一筋の道を特定して、その道を辿ることによって今日の日本文化を知るなどということは、文化の多岐多様な過去の歴史を無視するものである。我が国の現在を知るためには、細い一筋の我が国に固有の道を辿るのではなく、世界の多種多様な国や地域の文化の歴史を辿ることが必要である。今日の日本の文化は、これら多種多様な文化の交わりとしてのみ理解される。歴史の教え方は、したがってその書き方も、根本的に変革されなければならない。

④　言語教育

人間は、どの言葉を学んでも十全に人間らしい人間になることができる。人間らしい人間になるために、何か特定の言葉を学ばなければならないわけではない。人間は、人間らしい人間になるために自らが使う言葉を自由に選ぶことができる。ただし、その自由がある程度は制限されることは認めなければならない。

第一に、いずれの言葉であれ、その言葉に習熟するためには適切な環境と相当の努力とを必要とする。話し言葉を一つだけ習得するのであれば、この条件は比較的容易に満たされるけれども、二つ以上習得するのであれば、この条件を満たすことは容易ではない。したがって数多くの言葉に習熟することは、多くの人にとってはほとんど不可能である。各個人が習熟する言葉は自由に選ぶことができるけれども、選びうるのはごく少数の言葉である。

また、言葉が言葉としての機能を果たすためには、周囲に同じ言葉を使う人がいるのでなければばならない。異なる言葉を使う人と意志疎通するためには、周囲に通訳なり翻訳なりをしてくれる人がいるのでなければならない。この条件が満たされるためには、同じ言葉を使う人々が相当大きな規模で存在し、その中に他の言葉をも使いうる人が含まれているのでなければならない。したがって、多くの場合、ある程度広い範囲で多くの人々に使われる言葉が選ばれることになる。

加えて今日の文明化した社会では、話し言葉だけでなく文字言葉をも使えることが必要である。したがって、今日では誰もがいずれかの文字言葉を選んで学ばなければならないといっても過言ではない。文字言葉が存続するためには、話し言葉が存続するよりもはるかに大きな人口規模を必要とする。そのために、人間各個人が意図的・組織的教育をとおして学ぶべき言葉は、実際に使われている話し言葉よりもはるかに少ない文字言葉のうちから選ばれなければならない。

このようにして、現実に人々が選びうる言葉はいま現に存在している言葉すべてよりは限定されるけれども、それにしても多種多様であることができる。我が国においては、すでに日本語が共通語として確立しているから、あえて他の言葉を学ぶ必要はないかもしれない。しかし、無理に日本語だけに限定する必要もない。どの言語を教えるか（教育用語として使うか、また第二言語、第三言語等として教えるか）は、その時その時の状況に応じて検討すべき事柄である。

⑤　公教育の政治的中立性

公教育は政治的に中立でなければならない。これは、今日の公教育において確立した原則である。現状はともかく、原則的には公教育は政治的に中立に行われている。しかし、その中立は、国家内における中立であって、世界における中立ではない。それでは、国家間の相互理解は難しくなるばかりである。世界市民教育は、中立性の原則が国家を越えて世界規模で適用されることを求める。

たとえば、共産主義と資本主義の比較に関して、我が国は資本主義国家であるから、資本主義を共産主義よりもよい制度として教えるというわけにはいかない。国境争いのある場所について、我が国の公教育だからといって、我が国の公式の立場を正しい国境として教えるというわけにはいかない。相反する思想的立場については、人類的視点に立って可能なかぎり公平に教えることが必要である。

⑥　公教育の統制管理

公教育を政治的に統制管理するのは、主として国家であってよい。しかし国家に限るわけではない。国家内部の諸社会（たとえば地域社会）や国家を越えた諸社会（たとえば国際連合など）も適当な範囲で公教育を政治的に統制管理することがあってよい。それにしても政治的統制は、結局は、強制による統制であって、人々の自発的合意を保障するものではない。教育はあくまでも各個人の自発的合意によって成り立つものである。それゆえに、公教育の政治的統制は、可能なかぎり限定されるべきである。公教育は政治から独立しなければならない。公教育は、各教師の自主性を最大限に尊重して行われなければならない。[13]

（13）この章に関係する諸問題については、拙著『国家を越える公教育』東洋館出版社、二〇〇八年でも論じた

あとがき

教育学を勉強し始めて以来、印象に残っていたことがある。教室における教師の言葉と行動は作為的であって、そこに自然な人間関係はないということである。教師の作為的な言葉と行動は、教育的効果に配慮して善意で行われるものだから望ましいともいえる。しかし、子どもは、そんな教師の作為に気づかずに素直に教師の言葉と行動に反応するのだから、教師に巧みに動かされているということもできる。そうだとすれば、教育とは何とも罪深いことだ。このような印象である。

私が小学校に通っていた頃の一時期、何かというと集団に分かれて話し合い、話し合いで分かったことを大きな模造紙に書いて、各集団の全員または代表者が黒板の前で発表するということをしていた。教育学を学んで、集団学習や共同学習、個別学習など、あるいは系統学習や問題解決学習など多種多様な授業方法があり、時代により、教師によって、あるいは教育内容や目的によって、いろいろな授業方法がとられることを知った。そして、もっぱら集団学習の方法で授業をしていた先生のことを思い出した。だからといって、その先生を悪く思ったわけではない。

ただ、何も知らずに集団で話し合ったり、模造紙に書いたり、ときには家に持ち帰って親に手伝ってもらったりしていた自分を「無邪気だったなあ」と思っただけである。しかし、なぜかこの記憶は、繰り返し思い返された。そして、いつのまにか先に書いたように、教育とは罪深いものだという印象として、定着していった。

小学校や中学校の教師が黒板の前で作為的な言葉と行動で子どもたちに接するからといって、それで人間関係が歪められるというのは、それこそ歪んだ見方だというべきであろう。しかし、学校教育が全体として、あるいは公教育が全体として、何らかの作為的な言葉と行動によって実行され、子どもたちが全体としてその言葉と行動で意図されたとおりの人間になるとすれば、それはやはり問題としてその是非を問うてもよいのではないか。否、問わなければならないのではないか。

教育が教育者の作為的な言葉と行動によって実行されることは避けられない。しかし、それがなにがしか自然な人間関係を壊し、不自然で不合理な社会を生み出しうることを忘れてはならない。教育は、子どもを無用な束縛から解放された自由な大人に育てることをめざす。しかし、ともすれば特定の型にはめて身動きのとれない大人に仕立て上げてしまう。そうならないためには、教育はどのようなものでなければならないか。本書は、この問いに答えを与えるための試みでもある。

私は、長い間、教員志望者を相手に教育原理や教育原論と称する科目を教えてきた。しかし、この原理や原論という名称にふさわしい内容を教えていたという自信はついに得られなかった。そこで定年退職を期に、教員を志望する学生が最初に読むべき教育学入門書を書くことにした。これが、この著作の出発点であった。

退職以来、私は、かつて私の研究室で学んだ人々を主たるメンバーとして小さな教育研究会を開いてきた。そこで、少し原稿がたまれば、それをこの研究会で発表することにした。その研究会の参加者はほとんどがベテランの現職教員であり、しかも安心して私の意見を主張しうる仲間だったので、徐々に、その内容は私の意見を発表して、彼／彼女たちを説得するようなものになっていった。その結果、本書は、教員志望者のための入門書からはかなり離れて、今日の教育と教育学に転換を求める意見書らしきものになってしまった。本書のタイトルを「教育学の試み」として、「多様な文化に開かれた人間形成をめざして」という副題を付けたのはそのためである。

本書の内容が多少とも説得力をもつものになっているとすれば、彼／彼女たちのおかげである。とはいっても、本書の内容に責任を負うのは私一人であることはいうまでもない。本書の出版については、時事通信出版局の舟川修一氏にたいへんお世話になった。記して感謝申し上げる。

二〇一六年八月

中村　清

【ま行】

【や行】

【ら行】

【さ行】

索　引

【著者紹介】

中村　清（なかむら・きよし）

1942年生まれ。宇都宮大学名誉教授。専攻は教育社会学、教育哲学。著書に、『改訂 公教育の原理』（東洋館出版社、2004年）、『改訂 道徳教育論』（東洋館出版社、2005年）、『国家を越える公教育』（東洋館出版社、2008年）などがある。

教育学《きょういくがく》の試《こころ》み――多様《たよう》な文化《ぶんか》に開《ひら》かれた人間形成《にんげんけいせい》をめざして

2016年9月15日　初版発行

著　者：中村　清
発行者：松永　努
発行所：株式会社時事通信出版局
発　売：株式会社時事通信社
〒104-8178　東京都中央区銀座 5-15-8
電話03（5565）2155　http://book.jiji.com

印刷／製本　中央精版印刷株式会社

ISBN978-4-7887-1458-8　C3037　Printed in Japan